D1718594

*Die Kraft
deiner Tränen*

Die Kraft deiner Tränen

Worte des Trostes von

Anselm Grün
Andrea Schwarz
Christa Spilling-Nöker
Pierre Stutz
Jörg Zink

HERDER

FREIBURG · BASEL · WIEN

*Ausgewählt und zusammengestellt
von Ludger Hohn-Morisch*

Ein Wort an Trauernde

Vielleicht machst du dir selbst Vorwürfe, dass deine Trauer immer noch andauert. Du kannst sie einfach nicht loslassen. Du meinst, nach so vielen Wochen müsste sie sich doch verwandelt haben. Aber es gibt keine Norm dafür, wie lange die Trauer anhalten darf. Die Trauer wird immer wieder einmal kommen. Aber sie wird allmählich anders werden. Sie wird dir zur inneren Begleiterin werden, die dich in deine eigene Tiefe führt. Vielleicht hilft dir das Wort aus dem Propheten Jesaja: «Wächter, wie lange noch dauert die Nacht? Der Wächter antwortet: Es kommt der Morgen, es kommt auch die Nacht» (Jesaja 21,11f). Du kannst nicht sagen, wie lange die Nacht deiner Trauer noch dauert. Aber du weißt auch, dass ein neuer Morgen kommen wird. Auf einmal wirst du ein neues Licht in deinem Herzen entdecken, ein Licht, das auch von der Dunkelheit der Nacht nicht mehr aus deinem Herzen verscheucht werden kann.

Anselm Grün

Inhalt

Inhaltsverzeichnis

Die Kraft der Trauer und der Tränen *33*

Leben im Licht – sichtbar, unsichtbar *97*

Wohin
mit
meinem
Schmerz?

Ins Licht treten

Schwere Wochen breiten sich
jetzt vor dir aus.
Alles scheint noch unwirklich,
immer wieder glaubst du,
dass der Verstorbene
gleich in die Tür tritt und das,
was geschehen ist,
nur ein böser Traum war.
Die unterschiedlichsten Gefühle
werden sich in der kommenden Zeit
deiner Seele bemächtigen.
Zorn und Trauer werden dich heimsuchen,
wieder und wieder.

Doch eines Tages
findet der dunkle Tunnel
mit Sicherheit ein Ende,
und aus der dunklen Enge
trittst du befreit hinaus
ins Licht.

Christa Spilling-Nöker

Es bleibt eine Wunde

Wenn ein Mensch von mir weggerissen wird, bleibt eine Wunde. Viele versuchen daher, dem Abschied aus dem Weg zu gehen. Sie schauen ihm nicht ins Auge. Doch dann holt sie der übersprungene Abschied nach dem Tod des geliebten Menschen ein. Abschied ist unausweichlich. Sich von einem Menschen verabschieden zu müssen, den man lieb gewonnen hat, kann einem das Herz zerreißen. Wir können den andern nicht festhalten. Aber nur wenn der Abschied gelingt, können wir uns auf das Neue wirklich einlassen, kann Neues in uns wachsen.

Anselm Grün

Der letzte Liebesdienst

Eine Weise, deine Trauer mit Sinn zu füllen, ist das Gebet für den Verstorbenen. Du kannst für ihn beten, dass er sich in der Begegnung mit Gott ganz in Gottes Hände fallen und sich so von Gottes Liebe und Barmherzigkeit anziehen lasse, dass er sich in Gott hinein ergebe und so seine Herrlichkeit erfahre.

Dein Gebet soll nicht von Angst geprägt sein. Du brauchst keine Angst zu haben, dass Gott den Toten wie ein Buchhalter beurteilen würde. Gott bietet ihm seine Liebe an. Und wenn er sich dieser Liebe ergibt, ist er gerettet, ist er im Himmel. Dein Gebet ist der letzte Liebesdienst an dem geliebten Toten, deine Fürbitte, dass sein Tod gelingt, der ja nicht abgeschlossen ist mit dem, was du als Sterben seines Leibes beobachtet hast.

Aber dann soll dein Gebet auch von Dankbarkeit geprägt sein. Du sollst Gott danken, dass er dir diesen Menschen geschenkt hat, dass du ihn erleben durftest, dass du an seiner Seite reifen und wachsen konntest. Du wirst in deinem Gebet eine neue Form von Gemeinschaft mit dem Toten erfahren. Der Tote ist nun bei Gott, zu dem du betest. Wenn du Gottes Nähe im Gebet erfährst, kannst du mit Gott auch die Nähe des geliebten Toten erahnen.

Anselm Grün

Der Engel der Trauer

Der Engel der Trauer kann dich nicht vor dem Schmerz bewahren, den jede Trauer für uns bedeutet. Du musst dich dem Schmerz stellen. Aber du darfst gewiss sein, dass du nicht allein bist mit deinem Schmerz, dass der Engel der Trauer dich darin begleitet und dass er deinen Schmerz in neue Lebendigkeit verwandeln wird. Vielleicht wird dir der Engel der Trauer auch Menschen schicken, die dir beistehen in deiner Trauer, die dich verstehen, die mit dir fühlen und dir helfen, die Augen wieder zu öffnen für das, was sich dir jetzt als neue Möglichkeit erschließt.

Anselm Grün

Grenzenlose Trauer

Im Film «Drei Farben: Blau» von Krzysztof Kieślowski erleben wir den eindrücklichen Trauerweg einer Frau, die bei einem Autounfall ihren Mann und ihre Tochter verliert:

Liebe Julie,

deine Trauer ist grenzenlos. Du hast einen Verkehrsunfall überlebt, bei dem dein Mann und deine Tochter gestorben sind. Dein Schmerz sitzt so tief, dass deine Tränen in dir blockiert bleiben. Du willst nicht mehr leben und stellst dich zugleich mit größter Intensität deiner zerbrochenen Existenz, indem du deiner Trauer einen großen Raum öffnest. Du entziehst dich den anderen, verlässt deine vertraute Umgebung, suchst eine Dachwohnung, um in größter Radikalität deinen Trauerprozess leben zu können.

Eine Gratwanderung, die du überlebst, weil du immer eintauchst ins Wasser. Stundenlang schwimmst du, um den Zugang zu deinem Tränenmeer zu finden. Durch dich erahne ich die Kraft der heilenden Worte aus der Bergpredigt: «Selig die Trauernden, denn sie werden getröstet werden.»

Es ist kein billiger Trost, den du dir aufschwatzen lässt, sondern du tauchst ein in den Schmerz. Du weigerst dich, zur Tagesordnung überzugehen, und nimmst dir den notwendigen Klageraum. Daraus entsteht jene Kraft, die dir zur Neugeburt wird. Wer eintaucht in den Todesschmerz, erahnt die Kraft der Ewigkeit, die zum Hier und Jetzt befreit.

Pierre Stutz

Unfassbar

Du erfährst mitten im Berufsalltag vom plötzlichen Tod eines geliebten Menschen: ein Verkehrsunfall – ein Herzinfarkt. Die unerwartete Nachricht bricht wie ein Erdbeben auf dich ein. Du bist unter Schock, unfassbar ist diese Meldung, die dich völlig auf dich selber zurückwirft. Du verstehst die Welt nicht mehr. Das Leben schüttelt dich mit all deinen Beziehungen völlig durch, und du weißt nicht mehr ein noch aus. Wenn du nur schreien könntest, doch du verstummst. Völlig erstarrt lässt dich die harte Wirklichkeit des Todes ganz allein zurück.

Seine Stimme verhallt, seine Zärtlichkeit verschwindet, sein Blick erlischt, seine jetzige Nähe entfremdet. Nun stehst du vor dem toten Körper und meinst, du seiest in einem Film, in einem bösen Traum. Die Berührungen deiner Mittrauernden zeigen dir, dass der Tod wahr ist. Deine eigene Todessehnsucht holt dich schlagartig ein. Du zweifelst an der eigenen Lebenskraft, denn der Schmerz hat dich an Leib und Seele durchdrungen; wie durchbohrt fühlst du dich.

Du siehst vor deinen inneren Augen, was ihr noch alles miteinander tun wolltet: der gemeinsame Urlaub, die geplanten Veranstaltungen, der Umbau am Haus, die Aussprache mit den Kindern … All dies wird nie mehr miteinander möglich sein.

Der Abschied heute morgen war so flüchtig. Was du ihm/ihr noch alles sagen wolltest, bleibt unausgesprochen.

Du umarmst den verstorbenen Menschen, du umarmst euer gemeinsames Leben. Unsägliches Leid weitet sich in dir aus, das dich sprachlos macht. Du fühlst dich heimatlos und verloren.

Dann gibt es jene Momente, in denen tiefe Dankbarkeit dich bewohnt für eure gemeinsame Zeit. Jene Ahnung taucht auf, dass die gemeinsamen Erlebnisse dir niemand nehmen kann. Du spürst behutsam, wie all das aufgehoben ist im Urgrund allen Liebens. Doch diese Momente sind kurz – die dunklen Stunden der Trauer, des Schmerzes, der Verzweiflung scheinen dir unendlich. Dein Gottesbild kommt ins Wanken und deine Zweifel wachsen. Das darf sein, lass dir Zeit.

Sei gut mit dir in diesem Auf und Ab der Gefühle. Lerne langsam, in deinem Rhythmus zu sagen und auszudrücken, was ist, was in dir wie abgestorben ist und was weiterlebt. Die verstorbene Theologin Dorothee Sölle schreibt zu Recht: «Der erste Schritt der Überwindung des Leidens ist, eine Sprache zu finden, die aus dem unbegriffenen und stumm machenden Leiden hinausführt, eine Sprache der Klage, des Schreis, des Schmerzes, die wenigstens sagt, was ist.»

Pierre Stutz

Dunkler Segen

Segne auch du uns
dunkler Gott
du
der sich geheimnisvoll
unserem Begreifen entzieht
der sein Antlitz vor uns verbirgt
unser Fragen mit Schweigen beantwortet

segne auch du uns
dunkler Gott
du
der du uns Zumutung und
Herausforderung bist
dessen Tun unergründlich bleibt
dessen Handeln sich unserem Denken entzieht

segne auch du uns
dunkler Gott
du
der sich abwendet von uns
der uns alleine lässt
der uns leiden lässt
der uns verwirrt und beunruhigt

segne uns
du dunkler Gott
du abwesender
schweigender
unfassbarer
harter
namenloser

segne du uns
dunkler Gott
damit wir den Mut haben
das Dunkel in uns wahrzunehmen
dem eigenen Abgrund zu trauen
der Nacht zu glauben
uns auf den Grund zu gehen

segne uns
dunkler Gott
indem du Einsamkeiten nicht nimmst
Sicherheiten erschütterst
Hoffnungen nicht erfüllst
Pläne durchkreuzt
Sehnsucht nicht stillst

segne uns
dunkler Gott
indem du unsere Träume verjagst
unsere Bilder zerreißt
Geborgenheiten entlarvst
Erwartungen zerstörst
zum Aufbruch zwingst

segne uns
du dunkler Gott
segne den Aufbruch
segne den Weg

und bleibe
dunkler treuer
Wegbegleiter

Andrea Schwarz

Den Schmerz austragen

Was kannst du tun,
wenn der Schmerz
dich innerlich zu zerreißen droht?
Was kannst du anderes tun,
als den Schmerz auszuhalten,
ihn zu ertragen,
ihn auszutragen,
wie ein Kind?
Der Schmerz braucht seine Zeit,
bis durch ihn hindurch
Neues geboren wird.
Das allein gibt dem Schmerz Sinn:
dass aus ihm eines Tages
neues Leben
dir erwächst.

Christa Spilling-Nöker

Voll Trauer und Schmerz

Voll Trauer und Schmerz
kommen wir zu dir
sehnen uns nach deinen Hoffnungsworten:
Ich bin bei euch alle Tage

Voll Vertrauen und Zuversicht
suchen wir dich in unserem Abschiedsschmerz
finden dich in der uralten Verheißung:
Ich habe dich beim Namen gerufen,
du bist mein

Voll Angst und Zweifel
halten wir Ausschau nach dir
horchen auf deine Lebensworte:
Ich werde alle Tränen abwischen

Voll Sehnsucht und Hoffnung
erahnen wir dich im Seelengrunde
erkennen deine aufrichtende Botschaft:
Ich bin die Auferstehung und das Leben

Pierre Stutz

Lass dir Zeit für deine Trauer

Es gibt keine Norm, nach wie vielen Wochen sie vorbei sein müsste. Die Trauer kann den Schmerz verwandeln, sie kann dich selbst verwandeln. Sie kann dich in die eigene Tiefe führen, dir zeigen, was sich in dir entfalten und zur Blüte kommen möchte. Aber solange du im Trauerprozess bist, tut es immer wieder weh. Da bricht es immer wieder von Neuem auf: Warum musste es so kommen? Warum ausgerechnet dieser Tod? Wie kann Gott das zulassen? Warum hat er mir das angetan?

Wundere dich nicht, dass sich in deine Trauer auch Gefühle von Wut und Zorn mischen: Warum hat er mich verlassen? Er wusste doch, wie schwer es mir fällt, allein durchs Leben zu gehen. Jetzt muss ich mich allein durchkämpfen. Mit den Kindern stehe ich allein da. Die Entscheidungen muss ich allein treffen. Ich hätte ihn doch noch so notwendig gebraucht.

Anselm Grün

In der Spannung von Empörung und Annahme

Eine geerdete Spiritualität bewegt sich in den Grenzsituationen des Lebens in der Spannung von Empörung und Annahme. Beziehungsreiches Leben eröffnet sich uns, wenn wir versuchen, diesen inneren Prozess der Annahme von schwierigen Lebenszeiten zu wagen. Jeder Verlust an Bewegungsfreiheit, an Arbeitsmöglichkeiten, an Beziehungen schüttelt uns durch und wir müssen uns neu zurechtfinden. Da begegnen uns viele widersprüchliche Gefühle, die ihren Platz haben dürfen. Tiefe Mitmenschlichkeit entsteht im Anteilnehmen am empörenden Aufschrei von Menschen, die durch die Härte des Lebens ganz klein anfangen müssen. Im Schreien wird für mich die Hoffnung geboren, weil die lähmende Sprachlosigkeit, die so erdrückend sein kann, durchbrochen wird. Echtes Annehmen von durch-kreuzten Lebensvorstellungen und Lebensplänen birgt in sich die Chance, wichtige Lebensweisheiten vom Kopf her herzwärts verinnerlichen zu können. So gewinnen Worte wie «es gibt kein Licht ohne Schatten», «am Schweren reifen können» und «es wird alles gut werden» eine glaubwürdigere Qualität, weil sie selbst durchlebt worden sind.

Echte Gelassenheit zeigt sich in der Stärke, eigene Empörung auszudrücken, und sich anderen auch zuzumuten.

Echte Zuversicht wird sichtbar, wenn Menschen zu ihrer Trauer und Wut stehen.

Echte Hoffnung kommt uns entgegen im Spannungsfeld von Auflehnung und Annahme.

Menschen, die sich einreden, sie stünden über solchen not-wendigen Entwicklungsschritten, überzeugen nicht. Ihre klugen Gedanken sind zu sehr im Verstand und berühren nicht Leib und Seele. Darum bin ich jenem therapeutischen Menschenfreund aus Nazaret so dankbar, dass er sich hineingab in diese komplexen Lebensprozesse. So entstand in seinen Begegnungen eine heilende Kraft, die Verhärtungen aufweichte und gekrümmte Menschen zum Vertrauen aufrichtete.

Pierre Stutz

Die Kraft
der Trauer
und
der Tränen

Tränen heiligen...

Eine Frau, die über den Tod ihres Sohnes verzweifelt war, kam zum Meister, um getröstet zu werden. Er hörte sie geduldig an, als sie ihm ihr Leid klagte. Dann sagte er sanft: «Ich kann deine Tränen nicht trocknen, meine Liebe. Ich kann dich nur lehren, wie du sie heiligen kannst.»

Was will diese Geschichte sagen? Wenn einer großes Leid hat – und der Tod eines Kindes ist wohl das größte Leid, das einen Menschen treffen kann –, dann helfen unsere gut gemeinten Worte oft nicht. Wir wissen keine Antwort auf das Warum. Und wir können keinen leichten Trost spenden, weil wir den Schmerz wahrnehmen, der den anderen zu zerreißen droht. Worte bleiben uns im Halse stecken. Wir können nur dabeibleiben und das Leid des Hilfesuchenden aushalten.

Der Meister hat Mitleid mit der Frau und redet sanft auf sie ein. Aber er vertröstet sie nicht und gibt keine Antwort auf ihr Leid. Das Einzige, was er ihr anzubieten vermag, ist, sie zu lehren, wie sie ihre Tränen heiligen kann. Was heißt das: die Tränen heiligen? Das Heilige ist immer auch das Kostbare.

Die Tränen heiligen bedeutet, in den Tränen kostbare Perlen zu entdecken. Das Leid adelt den Menschen. Wir können es nicht erklären. Wir können es nur annehmen. Dann führt es uns in die Tiefe. Dann entdecken wir in uns das Heilige, das, was durch das

Leid nicht zerstört werden kann. Das Leid tut weh. Aber es ist auch etwas, das nur wir geschaut und erlebt haben. Es zeichnet uns aus. Es ist etwas Kostbares, das wir mit uns tragen.

Anselm Grün

Tränen fließen lassen

Die mit Tränen säen
sind wenige heute

Tränen sind kaum erlaubt
Trauer und Schmerz
bringen unsere Tagesordnung durcheinander
vermindern die Produktion

Klageräume brauchen wir
um unsere Tränen fließen zu lassen
tröstend-befreiende Erfahrungen
machen zu können
wo auch Männer weinen dürfen

Dann werden wir mit Jubel ernten
auch im Schreien und Klagen
die Fülle des Lebens erahnen

Nach Psalm 126,1

Pierre Stutz

Trauer- und Klageräume

Trauer- und Klageräume
wünsche ich dir
Orte des Vertrauens
in denen alle Gefühle sein dürfen
damit sie verwandelt werden können

Klage- und Trauerräume
wünsche ich dir
zärtliche Gesten des Mitgefühls
schweigendes Aushalten des Schmerzes
damit wir daran wachsen und reifen können

Trauer- und Klageräume
wünsche ich dir
Orte der Hoffnung
in denen viele Tränen fließen können
damit du die tröstende Nähe Gottes erfährst

Pierre Stutz

Sich die Gefühle
von der Seele schreiben

Manchmal tut es der Seele gut,
sich die Gedanken, die einen bewegen,
und die Gefühle, die einen umtreiben,
von der Seele zu schreiben.
In einem Tagebuch der Trauer
kann der lange Weg
des Abschiednehmens
nach und nach bewältigt werden,
und der Verstorbene wird damit zugleich
mit einem ganz persönlichen Denkmal geehrt.

Christa Spilling-Nöker

In Zeiten des Schmerzes

In deinen schlaflosen Nächten
in denen dein Schmerz unendlich scheint
und du durchgeschüttelt wirst
durch die Härte des Lebens
da möge dich der Engel der Trauer
wohlwollend begleiten
im Fließenlassen deiner Tränen.

In deinen dunklen Stunden
in denen alles fragwürdig wird
und du auf dich selber zurückgeworfen bist
durch den plötzlichen Tod
da möge ein Hoffnungsfunke in dir aufscheinen
ganz leise und unscheinbar
im tiefen Ein- und Ausatmen

In deinen verzweifelten Momenten
in denen deine Lebenskraft bedroht ist
und du deiner eigenen Todessehnsucht begegnest
durch den endgültigen Abschied
da mögest du innerlich angerührt sein
von den uralten Lebensworten:
Fürchte dich nicht, ich bin bei dir

Pierre Stutz

Zwischen Leere und Fülle

Du bist allein. Die aktive Zeit rund um die Beerdigung ist vorbei. Du bist dankbar, dass es ruhiger wird, obwohl du große Angst vor dieser Stille hast. Nun ist sie da, die Zeit, in der du Tag für Tag annehmen musst, dass dein ganzer Alltag sich verändert hat. Es sind vor allem die Übergangszeiten, der Abend und das Erwachen am Morgen, die schwer für dich sind. Da fühlst du dich so verloren, so heimatlos. In deinem Unterbewusstsein, in deiner Seele hast du noch nicht ganz wahrgenommen, dass er/sie nicht mehr da ist. So ertappst du dich immer wieder, wie du deinen geliebten Menschen erwartest, wie er bald durch die Tür kommen wird, wie ihr euren Abschiedskuss austauscht, wie ihr einander zärtlich in den Schlaf begleitet. Schmerzvoll wird dir bewusst, dass es nicht mehr so ist. Darum ist das Erwachen am Morgen so hart. Es ist, wie wenn man dich schlagen würde, wie wenn die ersten Bewegungen zum Aufstehen meilenweit wären. Du kannst es einfach nicht fassen, dass der Platz neben dir leer ist. Diese Leere scheint dich manchmal zu verschlingen. Die Angst vor diesem Nichts wächst.

Deine Umgebung ist zur Tagesordnung übergegangen. Das Leben geht weiter. Sie gehen davon aus, dass du dich zurechtfindest. Manchmal gelingt es dir auch, wenn du hineingeschritten bist in deinen neuen Tag und deine vertraute Arbeit aufnimmst, die du ja immer schon selbstständig getan hast. Da tritt der Schmerz zum Glück in den Hintergrund, und du kannst ihn lassen, für eine gewisse Zeit wenigstens. Doch er holt dich schnell wieder ein, und du denkst, dass du dich nie mehr zurechtfinden wirst ...

Diese Wüstenerfahrungen gehören nun zu deinem Leben. Du kommst an diesen Durststrecken nicht vorbei. Zugleich darfst du auf unerwartete Oasen vertrauen; auf Momente des Verstandenseins, des Mitgefühls, des schweigenden Mittrauerns.

Ich wünsche dir, dass du im Aushalten der Leere Momente der Fülle erfahren wirst. In der mystischen Tradition habe ich gelernt, dass Leere und Fülle, Alles und Nichts, Leben und Tod ganz nahe beieinander sind. Um diese Lebensweisheit offensichtlich vor dir zu sehen, empfehle ich dir, eine große leere Schale neben das Foto deines geliebten Menschen zu stellen. Schau sie immer wieder an, schau hinein in die Leere, in dieses Nichts ..., in diese Fülle von gemeinsamen Erfahrungen, die du nicht festhalten kannst, obwohl sie für immer da sind. Vielleicht erahnst du ab und zu, wie viel Fülle an Liebe da ist, die stärker ist als der Tod.

Was immer du erleben wirst in den kommenden Monaten, vertraue, dass es gut aufgehoben ist in der Schale des Lebens.

Pierre Stutz

Die Trauer über den Verlust des geliebten Menschen

… bringt dich in Berührung mit all der Trauer, die in deinem Leben immer wieder einmal in dir aufgetaucht ist, für die du aber keine Zeit oder keine Kraft gehabt hast. Vielleicht taucht in dir die Trauer darüber auf, dass du als Kind allein gelassen worden bist, als du im Kinderbett geschrien hast. Vielleicht erinnert dich deine Trauer an Situationen, in denen du verletzt worden bist und das heile Bild deiner Eltern endgültig zerbrochen wurde. Oder es fällt dir das Scheitern einer Freundschaft oder Partnerschaft ein. Du konntest dich damals dem Schmerz über das Scheitern gar nicht stellen, weil er dich überfordert hätte. Aber jetzt taucht er wieder auf. Und du hast Angst, dass deine Trauer nun ohne Ende sein wird, dass deine Tränen nie aufhören werden. Deshalb möchtest du sie am liebsten auch jetzt zurückhalten. Aber damit verhinderst du, dass deine Trauer verwandelt wird und neues Leben in dir aufblühen kann … Lass die Trauer zu. Sie wird aufhören, sie wird sich verwandeln, sie wird dich in eine neue Lebensfreude hineinführen. Überlasse dich dem Rhythmus deiner Trauer und setze dich nicht unter Druck, sie früher zu überwinden, als deiner Seele gut tut.

Anselm Grün

Auch das ist Ostern

Die junge Frau war den Tränen nahe, als sie mir das erzählte – und ich hatte keine Worte für dieses Leid. Mir blieb nichts anderes übrig, als einfach dabei zu bleiben, nicht zu flüchten, nicht zu vertrösten, nicht zu bagatellisieren. Und zu sagen: «Wenn ich irgendwie helfen kann, ruf mich an!» – und mich zu vergewissern, dass sie meine Handy-Nummer noch hatte.

Auch das ist Ostern. Ostern nimmt die Kreuze, das Leid und die Tränen nicht aus unserem Leben weg. Und das ist uns auch nie versprochen worden. Selbst Jesus Christus ist dieses Kreuz nicht erspart worden. Gott wird die Tränen abwischen und sie in seinem Krug sammeln, aber er kann sie nicht verhindern. Und, ganz ehrlich gesagt, ich möchte mir meine Tränen auch gar nicht nehmen lassen...

Ich habe heute Abend noch einmal neu gelernt, wie wichtig es sein kann, einfach da zu sein und da zu bleiben, allen Tränen und Leid zum Trotz. Einfach präsent zu sein, ansprechbar zu sein, auszuhalten...

Andrea Schwarz

Einsamkeit hat zwei Gesichter

Wir können unter ihr leiden. Und wir können sie auch als eine Kraft erfahren, die uns stärkt. Wir können sie dann positiv erleben: als einen inneren Raum, der uns zu uns selber kommen lässt. Allein fühlen kann man sich auch unter vielen Menschen. Gerade heute beklagen sich viele, dass sie sich mitten in den belebten Städten allein und isoliert fühlen. Doch in der spirituellen Tradition hat Alleinsein einen hohen Stellenwert. Es gehört wesentlich zum Menschsein.

Paul Tillich, der evangelische Theologe und Philosoph, meint sogar, Religion sei das, was jeder mit seiner Einsamkeit anfange. Die Mönche im 4. Jahrhundert hatten sich aus der Welt zurückgezogen, um in der Wüste mit Gott allein zu sein. Doch in der Einsamkeit der Wüste fühlten sie sich nicht allein oder gar verlassen. Sie spürten vielmehr eine neue Verbundenheit mit allem, was ist. Sie fühlten sich eins mit dem Grund allen Seins, «all-eins».

Anselm Grün

Wenn unsere Seele schreit

Klage- und Trauerräume
brauchen wir
um dem Spiel der Beziehungen
gerecht zu werden

Klage- und Trauerräume
brauchen wir
wenn unsere Seele schreit
und der Schmerz uns
an die Grenzen des Erträglichen führt

Meine inneren Schreie
lassen mich behutsam
das innere Kind in meine Arme nehmen
damit mir die tiefe Verwurzelung
auch im Leiden aufscheinen kann

Klage- und Trauerräume
brauchen wir
wo der Stoff unseres Lebens
und des Lebens aller Leidenden
ausgebreitet wird

Pierre Stutz

Dem Leiden nicht ausweichen

Dem Leiden nicht mehr ausweichen
Ohnmacht spüren
Tränen fließen lassen
Empörung ausdrücken

Meine durchkreuzten Hoffnungen
und die himmelschreiende Ungerechtigkeit
in Verbindung bringen mit dem
Kreuz- und Auferstehungsweg Jesu
um intensives Leben zu erfahren

Gewaltfrei Widerstand leisten
mein Möglichstes tun
um das Leiden zu verhindern
zugleich verinnerlichen
dass es keine Liebe ohne Leiden gibt

Die Angst vor der Leere verwandeln
und hinabsteigen in die eigenen Abgründe
heilendes Aufgerichtetwerden
mir schenken lassen

Pierre Stutz

Zu meiner Trauer stehen

Trauen Sie sich, zu Ihrer Trauer zu stehen.
Trauen Sie sich, sich mit Ihrer Trauer
Ihrer Umgebung zuzumuten.
Sagen Sie, wie es Ihnen geht.
Sagen Sie, welche Wünsche Sie
an Ihre Freunde und Freundinnen haben.
Erzählen Sie Ihren Bekannten
von dem geliebten Menschen,
den Sie verloren haben.

Wenn Ihre Bekannten nicht wissen,
wie sie reagieren sollen,
wenn sie oberflächliches daherreden,
nehmen Sie es nicht persönlich.
Es ist nur ihre Hilflosigkeit.
Aber erzählen Sie trotzdem weiter.

Es tut Ihren Bekannten gut,
sich Ihrer Trauer zu stellen,
sich mit dem eigenen Tod zu befassen,
sich der eigenen Wahrheit zu stellen.
Vielleicht wächst im Erzählen das Verstehen.
Vielleicht entsteht so eine neue Beziehung,
eine Beziehung, in der Sie so sein dürfen, wie Sie sind.

Anselm Grün

Tränen – Grundwasser der Seele

Du spürst, wie deine Trauer sich ausdehnt wie ein Meer von Tränen, das dir uferlos erscheint. Im täglichen Bangen und Hoffen, im Vertrauen und Zweifeln, im Auflehnen und Annehmen ist die Trauer dir jene Begleiterin, die dich lebendig bleiben lässt. Lass sie ruhig fließen, deine Tränen. Sie sind Ausdruck deiner seelischen Gesundheit. Augustinus sagt: «Unsere Tränen sind das Grundwasser unserer Seele.»

Lass dich nicht beirren von all den gut gemeinten Ratschlägen, die dich zum Verdrängen und Überspielen deines Schmerzes bewegen könnten. Betrachte eine deiner Tränen mit deiner ganzen Aufmerksamkeit. Erahne darin das Urelement Wasser, das dich mit dem Fluss des Lebens in Verbindung bringt und mit der göttlichen Quelle in dir. Deine Tränen sind jene Lebens- und Hoffnungszeichen, die dich täglich lernen lassen, wie der Schmerz zur Liebe gehört und wie nahe das Lachen und Weinen im Leben beieinander sind. Ein indianisches Sprichwort sagt es liebevoll: «Hätten unsere Augen keine Tränen, hätte unsere Seele keinen Regenbogen.»

Im zaghaften und ungewohnten Unterwegssein angesichts des Sterbens wirst du dank deines Echtseins in deiner Trauer immer mehr Verbündete finden. Mach dir nichts vor, bleib bei dir, trau deinen Tränen, versteck sie nicht. Du brauchst ihre Kraft, um die Härte

des Todes ein wenig aufweichen zu können. Unerbitt-
lich tritt er an dich heran, und es ist, wie wenn du zum
ersten Mal hören würdest, dass dein geliebter Mensch
sterben wird. Der Tod wird endgültig sein, mit seiner
unumstößlichen Frage, was denn wirklich bleibt und
trägt im Leben. Ein hoffend-zweifelnder Mensch muss
sich diese Frage stellen, ohne je eine definitive Klarheit
zu haben. Denn die Liebe ist nie zu haben, sie ist immer im Werden. Das Fließen der Tränen lässt dich mit
all deinen Sinnen erfahren, wie vergänglich und ewig
das Leben ist.

Pierre Stutz

Wo finde ich Trost?

Wer trauert, erwartet Trost,
keinen billigen Trost, der nur vertröstet,
sondern einen Trost, der aufrichtet,
der Halt verleiht, Festigkeit schenkt.

Der Tröster heißt auf Lateinisch «consolator»,
derjenige, der mit dem Einsamen ist,
der Mut hat, in seine Einsamkeit zu gehen.

Am Kreuz betet Jesus mit dem Psalmisten:
«Ich halte Ausschau nach einem, der mit mir fühlt,
nach einem, der tröstet – und finde keinen.»
Jesus ist allein geblieben in seinem Leid.
Keiner kam zu ihm, um ihn zu trösten.
Doch er ist in Ihre Trauer hineingegangen.
Er hat sich nicht still fortgestohlen.
Er ist mit Ihnen.

Trauen Sie diesem Tröster!
Schauen Sie auf ihn in seiner Einsamkeit am Kreuz.
Am Kreuz hängend ist er bei Ihnen. Er versteht Sie.
Halten Sie ihm Ihr zerbrochenes Herz hin!
Er hält es in seinen zärtlichen Händen.
Darin kann es wieder heilen und ganz werden.

Anselm Grün

Loslassen angesichts des Sterbens

Als ich alle Bücher von und über Meister Eckhart beiseite gelegt hatte, kam in mir die Frage auf, was davon nun bleibt. Es gehört für mich zur Lust als Schreibender, in wenigen Worten Wesentliches auszudrücken. Und es entstand folgende paradoxe Einsicht: Dank Meister Eckhart habe ich gelernt, dass das Loslassen das größte Ziel im Leben ist – darum versuche ich, dieses Ziel loszulassen. Unsere ganze Existenz ist auf das Loslassen, aufs Sterben ausgerichtet. Niemand weiß, wie sie/er angesichts des Todes sein wird. Doch ich bin fest überzeugt, dass wir auch im Hinblick auf diesen letzten großen Abschied einander helfen können, das Loslassen mehr in unser Leben, in unseren Alltag hineinzuholen. Die Psychotherapeutin Verena Kast redet dabei davon, «abschiedlich leben zu lernen».

Es gehört zur großen Tragik unserer westlichen Kultur, dass wir den Tod immer mehr verdrängen und dabei eine unmenschliche, eine tödliche Atmosphäre fördern. Denn – und das erscheint nur denen merkwürdig, die es noch nicht erlebt haben –: Angesichts des Todes erhält das Leben eine höchste Intensität. Ich habe diese Erfahrung zweimal im gleichen Jahr gemacht. Zwei Frauen aus meinem Bekanntenkreis, die einander nicht kannten, waren mit der Tatsache einer unheilbaren Krebserkrankung konfrontiert und teilten mir mit, dass sie in den nächsten Monaten sterben würden.

Und ich war zutiefst berührt und bewegt, wie jede der beiden Frauen das Loslassen wirklich gelebt und dadurch vor allem die anderen getröstet hat. Natürlich gab es da auch viele Ängste, Wut, Zweifel, Ohnmacht und Schmerz; doch indem sie mitgeteilt werden konnten, führten sie dazu, dass Gemeinschaft ganz intensiv erfahren werden konnte. Immer wieder habe ich mich gefragt, ob es mir auch gelingen würde, mitten im Leben innerhalb weniger Monate wirklich ja zum Sterben sagen zu können. Diese Frage bleibt. Im Einüben des alltäglichen Loslassens halte ich sie wach, vertrauend, dass ich zu gegebener Zeit in die Antwort hineinwachsen werde. Loslassen, damit die verbindenden Erfahrungen, die gemeinsamen Erlebnisse bleiben. Beide Frauen drückten denselben tröstenden Glauben aus: «Ich werde weiterhin mit euch sein, einfach anders!»

Dies ist auch meine tiefste Überzeugung. Sie lässt mich meine Trauer ernst nehmen und ausdrücken, damit durch die Trauer hindurch eine neue, tiefere Beziehungsebene in Gott wachsen kann. Das ist ein Prozess, der Zeit braucht umso mehr, je näher mir der sterbende oder verstorbene Mensch war oder ist, je größer vielleicht auch meine Wut, meine Verzweiflung und meine Trauer ist. Loszulassen angesichts des Todes ist eine der größten Herausforderungen des Lebens.

Pierre Stutz

Sehnsucht bezwingt den Tod

Nelly Sachs gab einen Gedichtband heraus mit dem Titel «In den Wohnungen des Todes». Allein aus der Nähe des Todes kann die Sprache der Sehnsucht wachsen. Die Sehnsucht bezwingt den Tod. Sie zerbricht nicht am Tod, sondern steht für den Neuanfang.

«Alles beginnt mit der Sehnsucht.» Alles, was geschaffen ist, ist mit dem Stoff der Sehnsucht gefüllt. Von Sehnsucht erfüllt überwindet alles Geschaffene den Tod. Noch vor der Geburt beginnt unser Leben mit der Sehnsucht. Und sie endet nicht im Tod: Hier erfährt sie erst ihre Erfüllung. Denn sie schafft die Begegnung mit dem, der alles neu macht.

Anselm Grün

«Es wird alles gut»

Traue in deiner Trauer den Worten,
mit denen dich die Bibel trösten möchte:
«Gott wird alle Tränen von ihren Augen abwischen.
Der Tod wird nicht mehr sein, keine Trauer,
keine Klage, keine Mühsal.
Denn was früher war, ist vergangen»
(Offenbarung 21,4).
Diese Worte wollen kein billiges Trostpflaster sein.
Sie wollen dein Herz erreichen,
deine Trauer, deinen Schmerz.

Die Worte wollen aufrichten,
sie wollen vermitteln, was sie sagen.
Wenn du die Worte in dein Herz fallen lässt,
dann kannst du dir vorstellen,
wie Gott jetzt deine Tränen abwischt,
wie er dich zärtlich streichelt und dir zuspricht:
«Es wird alles gut.»

Anselm Grün

Abschied
und
Erinnerung

Du wirst mir fehlen

Du warst mir nah in vielen Jahren,
du hast das Licht und Dunkel
deines Lebens mit mir so oft geteilt.
Die Nähe zu dir, dein Vertrauen
und meine Möglichkeit,
mich bei dir auszusprechen,
hat mir so gut getan
und manche Wunden in mir geheilt.
Du wirst mir fehlen,
denn all die Stunden miteinander,
sie waren so unendlich wichtig für mein Leben.
Was bleibt, ist die Erinnerung daran;
so einen Menschen wie dich
wird es für mich mit Sicherheit
nicht noch ein weiteres Mal geben.

Christa Spilling-Nöker

Die Zeit mit dir war schön

Die Zeit mit dir war schön.
Wie viele Jahre haben wir zwei
Hand in Hand durchschritten.

Nicht jeder Weg war leicht,
nicht jeder Tag nur sonnig;
so manche Nacht voll Schmerz und Schuld
und Einsamkeit blieb uns auf unserer Reise
nicht erspart.

Und doch brach
– wie ein Wunder manchmal –
immer wieder ein neuer Morgen für uns an,
der uns der Zukunft getrost entgegengehen ließ.

Die Zeit mit dir
war schön –
Sie war mein Leben.

Christa Spilling-Nöker

In Zeiten des Abschieds

In Zeiten des Abschieds
den gemeinsamen Erfahrungen
nochmals ihre Bedeutung geben
damit ich sie leichter loslassen kann

In Zeiten des Abschieds
die Türe zu meinen Gefühlen
weit öffnen
sie als Einladung verstehen
meinem Leben Tiefgang zu ermöglichen

In Zeiten des Abschieds
angesichts des Todes
intensives Leben erfahren
im stillen Mitsein
im Fließenlassen der Tränen
in der zärtlichen Umarmung

In Zeiten des Abschieds
das Grundgeheimnis unseres Lebens
mit Leib und Seele verinnerlichen
Tod und Auferstehung
Sterben und Werden

In Zeiten des Abschieds
im Zerbrechen einer Beziehung
außer den Gefühlen von Wut
mir in Erinnerung rufen
was gut war und bleibt
um mich nicht selber
noch mehr zu verletzen

In Zeiten des Abschieds
mitgestalten an der Erneuerung
einer Trauerkultur
in der wir wirklich Mensch sein dürfen
mit unseren Tränen
mit unserem Lachen
mit unserem Schmerz
mit unserer Dankbarkeit
darin wird Christus ohne Unterlass
in uns geboren

Pierre Stutz

Abschied

Ich dachte immer Tod sei Ende
und das ist er sicher auch
und doch ist Tod das Leben

wenn auch ganz anders
als es war

Wir sagen danke für dich
und geben dich in die besten Hände
die wir uns denken können
in die Hände unseres Gottes

und wir geben uns
in die Hände unseres Gottes
möge er unsere Wunden heilen
uns in unserer Trauer trösten

möge er der Gott sein
für uns Lebende
und für unsere Toten

Andrea Schwarz

Ich sehne mich zurück zu dir

Wenn ich
an unsere gemeinsam
erlebten Zeiten zurückdenke,
dann mischen sich Gefühle
von Dankbarkeit und Enttäuschung,
von Freude und Schmerz.

Du hast mir
unendlich viel
Liebe gegeben
und mich dennoch
in vielen Fragen alleine gelassen.
Jetzt sehne ich mich
zurück zu dir –
trotz all der Wunden.

Christa Spilling-Nöker

Ich fühle mich einsam

Der Abschied lässt mich alleine zurück.
Ich fühle mich einsam. Keiner versteht mich.
Keiner geht mit mir in meiner Trauer.
Die Bekannten machen einen Bogen um mich.
Sie meiden mich. Sie wissen nicht,
was sie mit mir reden sollen.

Ich will meine Trauer teilen.
Aber es ist keiner da, der sie sich anhört.
Sie wollen den Todesfall möglichst
schnell hinter sich bringen.
Sie wollen sich nicht verunsichern lassen.
So bin ich allein mit mir.

Ich leide an meiner Einsamkeit.
Doch ich hoffe, dass die Einsamkeit
mich eins werden lässt mit mir
und mit der Verstorbenen,
dass in der Einsamkeit eine neue Nähe entsteht,
dass ich mir nahe bin,
dass die Verstorbene mir nahe ist,
dass in ihr Gott mir nahe kommt.

Anselm Grün

Dem Abschiedsschmerz
Ausdruck geben

Wenn wir einen Menschen verlieren oder auch von einer großen Hoffnung Abschied nehmen müssen, brauchen wir Raum zum Trauern. Wir müssen uns dagegen wehren, zu schnell zur Tagesordnung überzugehen. Unsere Seele schreit auf, wenn wir uns keine Zeit zum Loslassen geben.

Nach dem Tod eines Menschen richte ich darum einen Ort in der Wohnung ein, an dem ein Foto oder ein Symbol, das mich/uns an die Verstorbene, den Verstorbenen erinnert, seinen Platz hat. Auch dem Scheitern eines Planes, einer Hoffnung, räume ich sichtbar Platz ein. Regelmäßig zünde ich ein Teelicht an, das den Tag und/oder die Nacht hindurch brennt, um meinem Schmerz und meiner Hoffnung Ausdruck zu verleihen. Es ist die Hoffnung, dass das bruchstückhafte Leben in Gott seine Vollendung findet.

Pierre Stutz

Abschied spaltet unser Herz

Von den Toten sagen wir,
dass sie verschieden sind.
Die Verschiedenen verabschieden sich von uns.
Wir müssen Abschied von ihnen nehmen.
Der Abschied scheint endgültig zu sein.

Kein Wiedersehen.
Kein Hören ihrer ureigenen Stimme.
Kein Umarmen mehr.

Der Abschied schneidet uns auseinander.
Er spaltet unser Herz.

Und doch kommen wir nicht
um den Abschied herum.
Es hilft nicht,
den Abschied zu verdrängen.
Nur wer Abschied nimmt,
kann neu anfangen.

Anselm Grün

Wenn du in der Trauer
Abschied nimmst

… von dem geliebten Toten, dann wirst du nicht nur dem Schmerz darüber begegnen, dass er dich verlassen hat, du nicht mehr mit ihm sprechen kannst und nun allein auf dich gestellt bist. Vielleicht wird in dir auch der Schmerz über das hochkommen, was du in der Beziehung zu ihm nicht gelebt hast, weil du deine Träume von deiner Liebe zu ihm im Getriebe des Alltags vergessen hast. Trauern heißt immer auch: Abschied nehmen von ungelebtem Leben. Du hast manchmal nicht nur an dem Verstorbenen vorbei gelebt, sondern auch an dir selbst. Der Abschied erinnert dich an all das Ungelebte in deinem Leben. Es tut weh, festzustellen, dass du viele deiner Träume von einem erfüllten Leben schon vor Jahren begraben hast. Manch ein Traum zerschellte vielleicht an der harten Realität deines Lebens. Du konntest ihn beim besten Willen nicht verwirklichen. Der Abschied von dem geliebten Menschen lädt dich ein, nun auch bewusst Abschied zu nehmen von all dem, was du nicht gelebt hast. Der Abschied ist schmerzlich. Aber er ist die Voraussetzung dafür, dass nun neues Leben in dir aufblühen kann, dass du mit Vertrauen in die Zukunft schauen kannst und dass du neue Träume wagst von einem Leben, das dir und deiner Einzigartigkeit entspricht.

Anselm Grün

Trauer geht über die Erinnerung

Auch wenn es weh tut, teile deine Erinnerungen mit den Menschen, die den Verstorbenen auch gekannt haben. Erzähle ihnen, wo dir das Geheimnis des von dir geliebten Menschen aufgegangen ist. Was waren seine unverwechselbaren Worte und Gesten? Was hast du alles mit ihm erlebt? Wonach hat er sich gesehnt? Wofür hat er sich leidenschaftlich eingesetzt? Worunter hat er gelitten? Worüber konnte er sich freuen, und wie hat er seine Freude ausgedrückt? Was hat er gerne getan, und was in deinem Haus trägt seine Handschrift?

Habe keine Angst vor den Tränen, die bei manchen Erinnerungen in dir aufbrechen. Sie sind Zeichen deiner Liebe. Nur wenn du von dem Verstorbenen erzählst, kann er unter euch gegenwärtig sein, kann um ihn her Gemeinschaft entstehen, kann er euch die Botschaft verkünden, die er mit seinem Leben geben wollte. Du wirst bald spüren, dass es auch den anderen gut tut, wenn sie deine Erinnerungen hören und sie selbst von dem Verstorbenen sprechen können. Vielleicht hörst du manches zum ersten Mal und erkennst, wer da an deiner Seite gelebt hat.

Anselm Grün

Trauerrituale

Frühere Generationen haben für die Trauerzeit Rituale entwickelt, die ihnen helfen sollten, ihre Trauer auszudrücken und durch die Trauer zu neuer Lebensfreude zu finden. Heute tun wir uns schwer mit solchen Ritualen. Aber vielleicht kannst du dir selbst Rituale ausdenken, die dir in deiner Trauer gut tun. Es könnte ein Abschiedsritual sein, ein Versöhnungsritual oder ein Vergebungsritual. Du könntest auf verschiedene Blätter schreiben, an welche Begegnungen und Erlebnisse mit dem Verstorbenen du dich gerne erinnerst, was dir Schuldgefühle macht, wo er dich verletzt und wo du ihn verletzt hast und was du ihm heute gerne sagen möchtest. Du kannst aufschreiben, für welche Erfahrungen mit ihm du Gott danken willst. Und dann kannst du dir überlegen, was du mit den Papierblättern machen möchtest. Du kannst sie aufbewahren und in die Gebetsecke legen, in der du meditierst. Dann wird das Gebet alles verwandeln, was du dort aufgeschrieben hast. Du kannst die Zettel auch verbrennen und so den Abschied zelebrieren von allem, was war. Und dann kannst du ein Gebet formulieren, in dem du Gott darum bittest, das Vergangene zu lassen und offen zu sein für das, was Gott dir heute durch den Verstorbenen sagen möchte.

Anselm Grün

Fragen, Fragen...

Wenn du über den Verstorbenen nachdenkst, bleibe nicht bei den einzelnen Erinnerungen stehen. Frage dich vielmehr, was er mit seinem Leben eigentlich vermitteln wollte, was die Botschaft ist, die er dir sagen möchte. Was hat ihn geprägt? Was war sein wahres Wesen, verborgen unter der Schutzschicht, die sich über seine Wunden gelegt hatte? Was war das, was er dir immer wieder sagen wollte, es aber oft nicht konnte, weil ihm die Worte fehlten oder weil die Situation es nicht zugelassen hat? Welche Spur hat er in diese Welt eingegraben?

Stell dir vor, dass der geliebte Mensch, der dich verlassen hat, nun bei Gott ist und zu seinem wahren Wesen gefunden hat. Da ist das ursprüngliche Bild, das Gott sich von ihm gemacht hat, unverhüllt aufgestrahlt. Da sind alle Hüllen weggefallen, die dir sein Bild verstellt haben. Da ist er ganz zu sich gekommen. Und dann horche in dich hinein, welche Bilder auftauchen. Wie könnte sein ursprüngliches Antlitz ausschauen? Welche Assoziationen kommen in dir hoch? Und dann frage den Toten, was er dir jetzt sagen, welche Botschaft er dir mit auf den Weg geben möchte, was wohl das Wort ist, das Gott dir durch ihn sagen wollte und sagen will.

Anselm Grün

Schenk mir ein Zeichen
der Vergebung

Ich habe dich so oft verletzt
in all den Jahren,
du musstest durch mich
viele Kränkungen erfahren,
die mir, das musst du glauben,
jetzt so leid tun, dass ich kaum
um Worte der Verzeihung bitten mag.
Ich wünsche mir so sehr,
dass manches böse Wort,
das über meine Lippen kam,
ins Dunkel der Vergessenheit
geraten könnte –
und dass du mir
nichts nachträgst
von der schlimmen Zeit.
Ich bitte dich so sehr
um Zeichen der Vergebung,
damit in dieser Stunde
noch einmal der Segen
des Friedens
uns vereinen kann.

Christa Spilling-Nöker

Neue Wege

Das Ziel aller Trauer ist
eine neue Beziehung zum Verstorbenen.
Die Beziehung ist anders als früher.
Es ist kein Umarmen, kein Fühlen der Haut,
kein Hören der Stimme, kein Schauen des Gesichtes.
Und doch ist es eine sehr intime Beziehung.

Der andere geht mit mir.
Er spricht zu mir in den Träumen.
Er weist mir den Weg…

Auf einmal fällt mir ein,
was ich tun könnte,
worauf ich Lust habe,
was ich bisher vernachlässigt habe.
Auf einmal weiß ich, was gut für mich ist.
Es ist die Verstorbene,
die mich zu neuem Leben treibt,
die mich auf neue Wege führt,
auf Wege in größere Lebendigkeit,
Freiheit und Liebe hinein.

Anselm Grün

Sorge für dich

Vertraue darauf,
dass durch den Abschied von dem Verstorbenen
in dir neues Leben aufblühen möchte.
Du bist du selbst. Du bist einmalig.
Du bist etwas Besonderes.
Du definierst dich nicht nur
von dem Geliebten her.
Du bist in dir wertvoll.
Bitte den Verstorbenen, dass er dir zeigt,
was deine tiefste Berufung ist,
was in dir neu wachsen möchte,
welche Spur du in diese Welt eingraben sollst.
Dann schaust du nicht mehr nur zurück.
Dann wirst du deinen Blick in die Zukunft richten.
Und du wirst mit neuer Kraft und Lust
deinen Weg gehen, deine Botschaft künden,
bis du als der einmalige Mensch eins wirst
mit dem einzigartigen Menschen,
der dir vorausgegangen ist.

Anselm Grün

Mit dem Abschied leben

Kaum etwas ist schwerer zu lernen im Leben als der Abschied – und der endgültige Abschied, der Tod. Wenn ich auf mein Leben zurückschaue, dann habe ich angesichts des Todes eines Menschen das Leben immer besonders intensiv erfahren. Beim Begleiten meiner Mutter zum Sterben ist mir diese Erfahrung geschenkt worden. Sie starb innerhalb weniger Monate an Krebs.

Obwohl ich durch diese brutale Krankheit oft an die Grenzen meiner eigenen Kräfte kam, möchte ich doch auch keine Sekunde dieses Abschieds missen. Ich habe das Zentrum christlichen Glaubens – Kreuz und Auferstehung – erlebt, ich habe erfahren, dass Tod und Leben, Lachen und Weinen, Angst und Vertrauen nahe beieinander sind.

Nachdem meine Mutter gestorben war, hatte ich wochenlang schreckliche Träume… Ich lernte diese Bilder auszuhalten, bis ich einige Monate später – es braucht viel Trauerzeit – folgenden Traum hatte: In aller Deutlichkeit sah ich meine Mutter auf dem Balkon, wie sie Blumen goss. Ganz erschrocken fragte ich sie, was sie denn da mache, sie sei doch tot. Mit kraftvollen Augen schaute sie mich an und erwiderte mir: «Ich bin doch da!»

Leibhaftig habe ich ihre Nähe gespürt – und das Blumengießen war mir ein Bild von der lebensspendenden Kraft, die ich über ihren Tod hinaus erfuhr. Aus diesem Überzeugtsein von der Kraft des Lebens, die sich angesichts des Todes erfahren lässt, wünsche ich allen Menschen die Begleitung von Sterbenden: dabei können wir ungeahnte Lebendigkeit erfahren!

Pierre Stutz

Schenk dir Zeit

Schenk dir Zeit
zum Geschehenlassen
zum Heilen
zur Versöhnung

Schenk dir Zeit
sie ist nicht zu haben
sondern immer im Werden
in ihr zeigt sich
der Geschenkcharakter des Lebens

Schenk dir Zeit
für einen inneren Prozess
für einen Durchgang zum Neuen
für ungeahnte Möglichkeiten

Pierre Stutz

Stimmen
und
Räume
des Trostes

Denn sie sollen getröstet werden

Selig sind, die Leid tragen,
denn sie sollen getröstet werden.
Mehr: Sie sollen trösten können.
Sie werden das gelassene Vertrauen weitergeben,
das sie empfangen haben.

Selig sind wir, die wir Leid tragen.
Uns steht der Christus vor Augen,
der aus dem Tod auferstand,
und wir, die Getrösteten, werden fähig sein,
anderen den Lebendigen zu zeigen.

Selig sind wir, die unter dem Leben leiden
bis an die Grenze, die der Tod ist,
und die den Tod leiden bis an die Grenze,
die das Leben ist.
Denn nichts kann uns scheiden
von der Liebe Gottes,
die uns in Christus erschien, unserem Herrn.

Vielleicht ist dies alles weit von Ihnen entfernt. Ich setze es trotzdem einfach so hin. Vielleicht kommt die Stunde, in der Sie es aufnehmen können. – Und ich setze ein Wort hinzu von Martin Luther King, den Sie kennen, dem großen, liebenden Kämpfer für den Frieden der ihm anvertrauten Menschen:

Ist jemand unter uns, der über den Tod
eines geliebten Menschen verzweifelt ist?
Warum verzweifeln?
Gott kann die Kraft schenken, das Leid zu tragen.
Komme, was mag. Gott ist mächtig!
Wenn unsere Tage verdunkelt sind
und unsere Nächte finsterer als tausend Mitternächte,
so wollen wir stets daran denken,
dass es in der Welt eine große,
segnende Kraft gibt, die Gott heißt.
Gott kann Wege aus der Ausweglosigkeit weisen.
Er will das dunkle Gestern
in ein helles Morgen verwandeln –
zuletzt in den leuchtenden Morgen der Ewigkeit.

Noch ein Bild habe ich für Sie, das ich ein paar Tage
später vor mir sah. Ich fand es schön, wie das dunkle Wasser das Licht der Sonne wiedergab, keineswegs
schwächer oder dunkler, als sie am Himmel selbst
leuchtet. Vielleicht ist unsere Welt in der Tat nur die
untere Hälfte der Wirklichkeit. Und doch spiegelt sie
das Ganze und ist sie ein Ort, an dem wir die Gnade
des Lichts empfangen.

Jörg Zink

Stille hat dein Herz erfüllt

Behutsam zieht sie eine Bahn
durch deinen Schmerz
und schenkt dir heilsame Momente des Aufatmens,
die dich ein klein wenig zur Ruhe kommen lassen.
Bilder der Erinnerung steigen in dir auf,
von der Zeit, als du das Leben mit dem Menschen
noch hast teilen dürfen,
von dem du jetzt Abschied zu nehmen beginnst.
Vor allem die letzten Stunden,
Tage und Wochen werden
vor deinem inneren Auge wieder lebendig:
Was war wichtig und wesentlich in dieser letzten Zeit?
Welche Fragen standen im Raum?
Ließen sich Antworten darauf finden
oder quält dich jetzt das Dunkel
des Unausgesprochenen –
versäumte Liebe
oder ein Schatten an Schuld?

Welche Freuden durftet ihr miteinander teilen?
Wie tief waren die Begegnungen,
die euch geschenkt wurden?
Wie viel Vertrautheit und Nähe
habt ihr gemeinsam erlebt?

Du brauchst ganz sicher viel Geduld,
bis du den weiten Weg des Abschiednehmens,
der langsam erst für dich beginnt,
bewältigen und verlassen kannst.
Schenk dir die Zeit zur Trauer
und ertrage die immer wieder
wechselnden Gedanken und Gefühle,
denn wenn dich auch stets neue Wogen
an Tränen und Verzweiflung überrollen
und wilder Zorn dein Herz
bisweilen zu zerreißen droht,
darfst du am Ende wieder
Licht am Horizont erahnen.

Der Trost wird dir auf leisen Sohlen
sanft entgegenkommen,
er wird dir zärtlich beide Hände reichen,
um dich der Nacht des Todes
und der Trauer zu entziehen.
Er hilft dir, wieder helle Räume zu betreten,
in denen dein gequältes Herz
allmählich Heilung ahnen kann,
wo Hoffnungsträume
deine müde Seele wieder stärken
und Zuversicht den Weg vor dir
von einem Schritt zum andern
sacht erhellt.

Christa Spilling-Nöker

Einfallstore

Leid und Schmerz können Einfallstore für die Liebe Gottes sein. So sagt Jean Vanier, der Begründer der Arche-Bewegung:

«Unsere Zerbrochenheit ist die Wunde, durch die die ganze Kraft Gottes unser Wesen durchdringen und uns in ihn verwandeln kann. Wir müssen vor der Einsamkeit nicht davonlaufen, sie soll uns vielmehr zu dem Ort werden, von dem aus wir zu Gott aufschreien, wo er uns findet und wir ihn. Ja, durch unsere Verletzungen kann die Kraft Gottes uns durchdringen und zu Strömen lebendigen Wassers werden, das die dürre Erde in uns tränkt.»

Um es ganz deutlich zu sagen: Es geht nicht um eine Leidensmystik, es geht nicht um eine Verherrlichung des Leidens oder gar darum, das Leiden künstlich zu vergrößern oder herbeizuführen. In unserem Leben gibt es von ganz alleine so viel Unheiles und so viel Leid. Und gerade darin brauchen wir die Nähe eines Gottes, der uns Heilung zusagt, sind wir angewiesen auf die Liebe Gottes, die sich uns zuwendet – und uns durch all unsere Verletzungen hindurch erreicht.

Diese Liebe Gottes ist keine Liebe, die sich gnädig aus seiner Vollkommenheit herab auf uns ergießt, die uns klein machen würde oder uns erniedrigen würde neben seiner Vollkommenheit. Nein, es ist die Liebe des Gekreuzigten, die Liebe von einem, der Schmerz,

Leid, Verlassenheit und Tod am eigenen Leib erfahren hat. Es ist die Liebe desjenigen, der genau weiß, wovon er spricht, wenn er sagt: «Nehmt euer Kreuz auf euch – und folgt mir nach!» Es ist eine solidarische Liebe, die uns unser Kreuz nicht wegnehmen kann ...

Und es ist die Liebe desjenigen, der uns mit seinem «Folge mir nach!» eben nicht zum Tod einlädt, sondern zum Leben.

Andrea Schwarz

Mitfühlen

Mit dem anderen Menschen mitfühlen und mitleiden macht die Würde des Menschen aus. Mitleid ist ein Weg echter Menschlichkeit. Der buddhistische Lehrer Thich Nhat Hanh sagt: «Mitgefühl ist die einzige Energie, die uns helfen kann, mit einem anderen Menschen wirklich in Verbindung zu treten. Ein Mensch, der kein Mitgefühl in sich trägt, kann niemals wirklich glücklich sein!»

Mitgefühl hebt die Isolierung der Menschen auf, schafft wirkliche Beziehung und adelt den, der es übt. Es ist die Bedingung, wirklich glücklich zu sein. Das klingt paradox: Denn wer mit dem anderen leidet, der fühlt dessen Schmerzen; der verlässt seine innere Ruhe, um beim anderen zu sein, um mit ihm zu fühlen. Das tut oft weh und wühlt einen tief auf. Dennoch ist Mitfühlen die Voraussetzung des Glücks.

Anselm Grün

Getröstete Trauer

Ich wünsche dir, dass dich in deiner Trauer auch ein Engel tröstet, dass er dir wieder Standfestigkeit verleiht, wenn du ins Wanken geraten bist, dass er gute Worte zu dir spricht, wenn du vor Schmerz sprachlos geworden bist, dass er dich in deiner Einsamkeit besucht und dir das Gefühl vermittelt, dass du nicht mehr allein bist.

Wenn du um den Engel des Trostes weißt, dann kannst du dich getrost deiner Trauer stellen. Die getröstete Trauer wird dich nicht mehr lähmen, sondern dich tief in das Geheimnis deines eigenen Seins führen und in das Geheimnis Jesu Christi, der herabgestiegen ist in unsere Trauer als der «Trost der ganzen Welt».

Anselm Grün

Verstummen

Keiner von den Jüngern wagte,
ihn zu fragen: Wer bist du?
Denn sie wussten, dass es der Herr war.

Johannes 21,12

Während die Jünger noch bei der Arbeit sind, ist das Mahl schon bereitet. Das Kohlefeuer brennt, und Fisch und Brot liegen darauf. Der Herr selbst heißt die Jünger nach getaner Arbeit willkommen und lädt ein zum Mahl.

Und dann diese seltsame Aufforderung: Bringt von den Fischen, die ihr gefangen habt! Gebt von den Früchten eurer Arbeit, damit es ein gemeinsames Mahl wird! Legt euren Teil dazu – auch der ist wichtig! Bringt das, was ihr habt! Erst im Miteinander, im Geben und Nehmen, im Teilen der Gaben Gottes und der Menschen kann Mahlgemeinschaft entstehen.

Im Morgengrauen am See, kühl mag es gewesen sein, das Feuer glimmt vor sich hin, man isst miteinander und scheint sich in einer guten Weise zusammenzuschweigen. Wenn man weiß, dass es der Herr ist, braucht man nicht mehr groß darüber sprechen. Es gibt intime Begegnungen der Menschen mit ihrem Gott, da ist jedes Wort überflüssig. Die Liebe kennt solche Momente des Berührtseins – und verstummt vor lauter Erfülltsein.

Es gibt Momente, die dürfen nicht ausdiskutiert werden, da gilt es einfach zu sein. Es gibt Momente, in denen ich verstummen muss und verstummen darf. Es gibt Momente, in denen ich einfach seine Nähe genießen darf, bei ihm ausruhen kann, nichts tun muss. Momente, die allein dadurch reich sind, dass ich ihn anschaue und mich anschauen lasse von ihm.

Andrea Schwarz

Der Engel des Trostes

Seit je haben die Menschen in ihrem Schmerz den Engel des Trostes beschworen, dass er zu ihnen kommen und bei ihnen bleiben möge. Eindrucksvoll hat das Johann Sebastian Bach in seiner Tenorarie aus der Kantate zum Michaelisfest besungen: «Bleibt ihr Engel, bleibt bei mir! Führet mich auf beiden Seiten, dass mein Fuß nicht möge gleiten.»

Es ist ein inbrünstiges Lied, das darauf vertraut, dass wir nicht allein gelassen sind mit unserem Leid, sondern dass die Engel Gottes uns begleiten und bei uns bleiben und ausharren, bis sich unser Schmerz in ein Danklied verwandelt.

Anselm Grün

Gestalt des Liebenden

In welcher Gestalt, fragt der Apostel Paulus, werden wir in die andere Welt eintreten? So anders, antwortet er, wie die Dämmerung und das Licht voneinander verschieden sind. Wir werden, sagt er, ein Kleid ausziehen und ein neues anlegen. Und vieles, das uns hier wichtig war, wird nichts mehr mit uns zu tun haben. Das Einzige, was bleibt, ist die Liebe, die wir empfangen haben oder geben konnten. Ich weiß nicht, wie rasch oder auf wie langen Wegen wir in unsere neue Gestalt verwandelt werden. Aber ich meine, das Ziel dieser Verwandlung werde die Gestalt des Liebenden sein.

Viele fragen, ob wir die Menschen wiedersehen werden, die wir geliebt haben. Ich kann es nicht sagen. Wenn es aber der Sinn unseres Lebens auf dieser Erde gewesen ist, dass wir in der Liebe reifer werden, dann glaube ich auch, dass die Liebe, die uns auf dieser Erde zugewachsen ist, dort nicht verloren ist. Kann man mehr sagen? Ich meine nicht. Aber dies dürfen wir glauben.

Jörg Zink

Stimme des Herzens

Es ist nie zu spät, Schritt für Schritt zu verwirklichen, wofür ich zutiefst leben möchte. Der schwedische Regisseur Ingmar Bergman sagt, «dass das Leben nur die Bedeutung hat, die man ihm selber zumisst. Das ist an und für sich nichts Besonders, aber für mich war es eine große Entdeckung.»

Darum geht es im Leben: dem, was ich zutiefst spüre, die Bedeutung und das Gewicht geben, das es braucht, um ihm schließlich Ausdruck zu verleihen. Wenn ich auf diesem Weg Verbündete suche, werde ich erstaunt sein, wie sich mir neue Perspektiven eröffnen. Allerdings braucht es dazu beharrliche Geduld. Denn es ist gar nicht so einfach, in der Fülle der Möglichkeiten, die uns heute in unserer konsumorientierten Welt angeboten werden, die eigene Einmaligkeit zu fördern. Das Horchen auf meine innere Mitte, auf die Stimme des Herzens, kann mir wegweisend sein.

Pierre Stutz

Das Glück des Trostes

Das Glück, das Jesus den Trauernden zuspricht, ist der Trost: «...denn sie werden getröstet werden.» Wenn die Bibel die meisten Glücksverheißungen der Bergpredigt im Passiv ausdrückt, so meint sie damit, dass Gott es selbst ist, der tröstet. Trost ist Festigkeit. Wer sein ungelebtes Leben, die Defizite und die Verluste seines Lebens betrauert, der bekommt einen neuen Stand im Leben. Er hat festen Boden unter den Füßen. Er vermag, zu sich zu stehen. Er bekommt Stehvermögen. Das griechische Wort für Trost bedeutet wörtlich: «herbeirufen, beistehen». Wenn einer seine Defizite anerkennt, dann erfährt er darin den Beistand Gottes. Gott steht ihm bei, dass er durch das Defizit hindurch in Berührung kommt mit seinem eigentlichen Wesen, mit dem Potenzial, das in seiner Seele schlummert. Oder anders ausgedrückt: Das, was ich nicht leben kann, wird durch das Betrauern herbeigerufen. Es kommt von einer anderen Seite her neu auf mich zu.

Anselm Grün

Auf eine Tür zugehen

Was kann hier, auf dieser Erde, geschehen, ehe wir Abschied nehmen? Zweierlei vor allem:

Zum einen, dass wie am Ende bejahen, was mit uns geschieht. Dass der Widerstand sich legt, der in uns aufkommen will. Dass die Trauer, die uns lähmen will, die Trauer über alles, was wir verlieren, der Dankbarkeit weicht.

Und zum anderen, dass wir nicht nur irgendein Schicksal ergeben annehmen, sondern das Gegenüber sehen lernen, von dem unser Geschick kommt. Das bedeutet aber: dass wir nicht auf eine schwarze Wand starren, sondern auf eine Tür zugehen, die sich uns öffnen wird, und uns dem anvertrauen, der uns unseren weiteren Weg zugedacht hat.

Jörg Zink

Fürchte dich nicht

Fürchte dich nicht,
ich bin doch hier,
fürchte dich nicht,
ich bleibe bei dir.

Fürchte dich nicht
vor der dunklen Nacht,
fürchte dich nicht,
ich halte ja Wacht.

Fürchte dich nicht
vor dem letzten Schritt,
fürchte dich nicht,
ich gehe doch mit.

Fürchte dich nicht
und sei nicht so bang,
fürchte dich nicht
vor dem Übergang.

Fürchte dich nicht,
es ist nicht alles zu Ende,
denn du fällst ja
in barmherzige Hände.

Christa Spilling-Nöker

Wunden erinnern an Sehnsucht

Es gibt viele Wege, sich mit Kränkungen in seiner Lebensgeschichte zu versöhnen. Wenn ich die Wunden meiner Lebensgeschichte als Entfacher meiner Sehnsucht verstehe, kann ich mich mit ihnen aussöhnen. Sie bleiben Wunden. Sie werden auch immer wieder wehtun. Aber – ich versinke dann nicht in Selbstmitleid, sondern sage mir: «Die Wunde schmerzt. Aber im Schmerz komme ich in Berührung mit meiner Sehnsucht nach wirklicher Heilung, nach endgültigem Heilsein und Ganzsein.» Dann bin ich frei von dem Druck, meine Verletzungen so aufzuarbeiten, dass sie nicht mehr auftauchen. Sie dürfen sich in mir zu Wort melden. Sie erinnern mich immer wieder an die Sehnsucht, die in mir ist. Und sie bringen mich in Berührung mit meinem Herzen, in dem diese Sehnsucht lebt und das gerade durch die Sehnsucht lebendig ist und weit und voller Liebe.

Anselm Grün

Segenswünsche

Der Sinn unseres Lebens ereignet sich im Eintauchen in jene größere Wirklichkeit, die wir die göttliche Quelle allen Lebens nennen können. In unserer Mitte wartet sie immer schon auf uns. Jeden Tag können wir uns erinnern, dass wir vor allem Tun gesegnet sind und zum Segen werden für andere. Segnend-liebend unterwegs zu sein ist unser größtes Glück. Sich lieben und segnen lassen und Liebe und Segen weiterschenken können, schenkt uns Verwurzelung in den Grund unserer Hoffnung, Gottes Gegenwart in allem. Befreiend ist für mich die Zusage, immer segnend da sein zu können. Ich kann segnend im Leben stehen, wenn ich in meinem Element bin, wenn Dankbarkeit mich erfüllt, wenn meine Lebenskraft fließt, und ich kann segnend da sein für andere, wenn ich dünnhäutig und verletzlich bin, wenn meine Zweifel mich begleiten, wenn ich angstvoll in die Zukunft blicke. Entscheidend ist die Grundhaltung in kraftvollen und in mühsamen Stunden, mich durchatmen zu lassen von Gottes heilendem Geist. Ohne den Atem Gottes kann ich nicht leben, er fließt mir immer zu. Unsere Aufgabe besteht darin, ihn bewusst in Hoffnung und Schmerz wahrzunehmen und ihn fließen zu lassen.

Im Begleiten von vielen suchend-leidenden Menschen wird mir immer wieder schmerzvoll bewusst, wie viel unnötiges Leid entsteht, wenn wir einander in schweren Zeiten alleine lassen. Zu viele Menschen ziehen sich vor kranken, depressiven, trauernden Menschen zurück, weil sie – sehr oft unbewusst – meinen, sie müssten stark sein und Lösungen anbieten können. Diesen Rückzug kann man mit folgenden paradoxen Worten zum Ausdruck bringen: Weil wir meinen, wir müssten in allen Situationen etwas tun können, tun wir nichts! In Zeiten von unheilbarer Krankheit, in der Konfrontation mit dem brutalen Tod eines Menschen, im Annehmen von psychischen Krankheiten, in der Auseinandersetzung mit Gewalt und sexuellem Missbrauch, in der Ausweglosigkeit von schrecklichen Naturkatastrophen können wir scheinbar nichts tun – und wir verstummen. Dieser Irrtum entfernt uns von uns selbst, von den anderen, und wir verlieren ein großes Stück Lebensqualität. In den Zeiten unseres Lebens, in denen wir am Nullpunkt, in der Mitte der Nacht angelangt sind, können wir unendlich viel tun durch unser mitfühlendschweigendes Dasein. Wir werden zum Segen füreinander, wenn wir uns verabschieden von den unmenschlichen Allmachtsfantasien, die uns dazu verleiten zu meinen, wir müssten über den Dingen stehen. Echtes Leben ereignet sich in allen Dingen. Wir werden zum Segen füreinander, wenn wir miteinander lernen, das auszudrücken, was wir fühlen. In Zeiten von größter Not hilft billiger Trost nicht weiter; viel eher authentische Worte wie «Ich bin selbst traurig und wütend», «Ich weiß nicht, was ich sagen soll, doch ich bleibe einfach da», «Auch wenn ich mich überfordert fühle, halte ich mit dir den Schmerz aus» …

In harten Lebenszeiten können wir einander zum Engel werden mit wenigen Worten, die wir auf eine Karte schreiben – wie: «Ich denke an dich», «Ich fühle mit dir», «Ich schreie und hoffe mit dir», «Ich zünde für dich eine Kerze an», «Ich bin dir betend sehr verbunden» …

Segnende Menschen durchbrechen die Apathie und die Isolation, weil sie nicht mehr länger auf einen idealen Zeitpunkt der Veränderung warten, sondern jetzt jene Hoffnungsfunken erkennen, die Menschen als Verbündete zusammenführen. Segnende Menschen bestärken einander in der Vision einer menschlicheren Welt, in der wir alle unvollkommen bleiben dürfen. Gerade dadurch kann eine neue, ansteckende Hoffnungskraft wachsen, die dem Dunkel der Welt nicht mehr ausweicht, sondern es erhellt durch die einfache Gabe des Daseins und des Mitseins.

Pierre Stutz

Letzter Segen

Wenn jemand also «das Zeitliche segnet», dann bleibt kein Vorwurf zurück gegen das Schicksal oder gegen das Leben. Die vergehenden Kräfte wenden sich dem Leben zu, das er eben verlässt und das er liebt.

Eltern, die ihren Kindern auf dem Sterbebett ein gutes, versöhnendes Wort sagen, können auf diese Weise viel wieder gutmachen, das sie an ihnen versäumt haben.

Segen hinterlässt derjenige, der schwierige Dinge so regelt, dass sie im Frieden gelöst werden können. Der seinen Kindern und Enkeln und allen, die er liebt, bestätigt, dass er sie bejaht.

Und selten kann ein Mensch, der Frieden stiften will zwischen zerstrittenen Menschen, dies so wirksam tun wie auf seinem Sterbebett. Ihm kann eine Autorität zuwachsen, die er so nie hatte. Das Leben, das einer verlässt, gewinnt an Kraft und an Schönheit durch den, der aus ihm geht, indem er es segnet.

Jörg Zink

Leben im Licht –
*sichtbar,
unsichtbar*

Auf dein Wort hin

Die mit Tränen säen,
werden ernten mit Jubel
Psalm 126,5

Trotz
meiner Fragen
meiner Verzweiflung
meiner Einsamkeit
meinem Verlorensein
meiner Heimatlosigkeit
meiner Ohnmacht
meiner Kraftlosigkeit
meiner Ratlosigkeit
meiner Traurigkeit
meinen Dunkelheiten

hinausfahren
die Netze
auswerfen

und
das Leben
an mich ziehen

Andrea Schwarz

Licht einer anderen Wirklichkeit

Es gibt im Leben ein Gesetz,
dass, wenn sich eine Tür schließt,
eine andere sich auftut.
Wenn nun die Türen,
durch die wir hier gegangen sind,
sich schließen, eine nach der anderen,
dann lösen sich die Wände auf vor unseren Augen,
in denen sich die Türen gedreht haben.
Die Welt wird größer,
als sie jemals für uns gewesen ist,
das Licht einer anderen Wirklichkeit liegt über ihr,
und unser Weg fängt noch einmal an.

Ich bin glücklich, dass mir immer wieder
Zeichen gegeben worden sind,
an denen ich merken konnte, dass es so ist.
Dass ich am Ende meiner Zeit auf dieser Erde
hinübersehen werde über die Grenze.
Dass ich sehen werde, wie eine große,
andere Wirklichkeit auf mich zukommt.

Jörg Zink

Tod und Leben

Hier vereinigen sich
Gott und Mensch
Himmel und Erde
Zusage und Hingabe
Lieben und Leiden
Tod, Tanz und Traum
du und ich

Trauer und Trost
Zweifel und Zuversicht
Angst und Freude
Hoffnung und Heimatlosigkeit
Kreuz und Heil
Tod und Leben

das Kreuz vereint die Gegensätze
ohne sie aufzuheben
verbindet das Gegensätzliche
ohne es gleichmachen zu wollen

und dort wo es sich kreuzt
ist der Punkt um den sich alles dreht
und in dem Punkt ist Frieden
und in dem Punkt lebt die Ewigkeit

Andrea Schwarz

Sichtbar – unsichtbar

Als ich einmal
vor einem kanadischen Bergsee stand,
vor den vielen Berghängen,
die sich da hintereinander ins Bild schoben,
von rechts und von links bis fast ins Unendliche,
da schien mir, dies zeige eigentlich,
wie wir heute lernen müssten, die Welt zu sehen.

Denn die Welt ist ja nicht zu Ende,
wo der Vordergrund ist, den wir sehen,
den wir verstehen können und erklären,
messen und zählen und benützen.
Sie hat Schichten in ihrem Hintergrund,
in die wir manchmal ein wenig hineinsehen,
Schichten, die wir ahnen können,
und Schichten, von denen wir nichts,
gar nichts wissen …

Vielleicht geht uns dabei auf,
dass wir Menschen in einer Zone leben,
in der eine sichtbare und eine unsichtbare Welt
einander durchdringen.
Schon in diesem Leben auf dieser Erde.

Jörg Zink

Mitten im Dunkel

Klammheimlich hat er sich nachts davongemacht, ohne Aufsehen, ohne Lärm, ohne Fahnen und Fanfaren. Dunkel und kalt wird es gewesen sein. Und es mag Kraft und Mut gekostet haben, aufzustehen, nicht liegen zu bleiben, sich der scheinbaren Ruhe des Todesschlafes nicht hinzugeben.

Einsam mag er gewesen sein, als er den Schritt vom Tod zum Leben wagte, als er den Übergang riskierte, die Grenze überschritt. Ein Kampf war es wohl, ein Kampf mit sich selbst, mit seinem Gott, ein Kampf gegen den Tod. Liebe muss in ihm gewesen sein, eine Liebe, die aus einem unendlichen Vertrauen heraus kommt.

Und er hat gewonnen.

Das Leben hat gewonnen.

Die Liebe hat gewonnen.

Nichts von Grandiosität, Siegesfeiern, Triumph, strahlendem Sieger, Beifall klatschenden Zuschauern ...

Nein – das Leben, die Liebe, Gott, gewinnt mitten im Dunkeln, ganz leise und unauffällig, ohne Zuschauer und Fernsehshow, ohne Waffen und Gewalt ...

Das ist Ostern und das ist Auferstehung – wenn einer mitten im Dunkel dem Leben traut und den Schritt wagt, den Grenzübergang riskiert. Manchmal ganz alleine, manchmal ins Ungewisse hinein.

Andrea Schwarz

Stern am Horizont unseres Herzens

Sterne sind Sinnbild menschlicher Sehnsucht. Sie leuchten in der Nacht, und sie strahlen über dem ganzen Erdkreis. Sie sind also Symbole der Hoffnung und der universalen Einheit. Seit je waren die Menschen fasziniert vom hellen Licht des Morgen- und Abendsterns. Am eindrücklichsten erzählt die Weihnachtsgeschichte von diesem Bild. Die Magier haben einen Stern gesehen und lassen sich von ihm leiten. Ein wunderbares Sternenbild wurde in der Antike als Zeichen der Ankunft des ersehnten Messias verstanden...

Die Sprache der Liebe lässt uns erahnen, was an Weihnachten geschieht: Da leuchtet in Christus ein Stern auf an unserem nächtlichen Himmel. Da bringt Christus durch seine Liebe Licht in unsere Dunkelheit. Der Stern, der am Himmel steht, verweist uns auf den Vater, der im Himmel ist. Er ist Bild unserer Sehnsucht nach dem ganz Anderen. Was wir am Himmel sehen, das ist aber immer auch eine Wirklichkeit in uns. Wir sprechen von dem Stern, der am Horizont unseres Herzens aufgeht, wenn wir mit unserer Sehnsucht in Berührung kommen, und wir spüren, dass unser Herz weit über alles Alltägliche hinausreicht, bis in die Welt Gottes, in der wir wahrhaft daheim sind.

Anselm Grün

An der Grenze

An der Grenze,
an der unsere Sinne und Gedanken enden,
habe ich oft gestanden. Schon als Kind.
Zum ersten Mal, als mein Vater starb.
Da war ich drei Jahre alt und verstand nichts.

Dann war es meine Großmutter.
Sie lag vor uns, sehr alt und schwach,
da breitete sie noch einmal die Arme weit aus
und rief mit einem glücklichen,
einem strahlenden Gesicht: «Fliegen!»
Und wir anderen hatten den Eindruck,
sie habe ganz anderes gesehen als wir.
Dann starb sie …

Das Leben ist viel geheimnisvoller,
als wir modernen Menschen meinen.
Ich bin jedenfalls davon überzeugt,
dass wir, wenn wir an die Grenze
des Lebens kommen,
in eine Fülle neuen Lebens
eintauchen werden.

Jörg Zink

Hoffnungslichter

Der regelmäßige Weg zum Grab kann zu einem inneren Weg werden, in dem die gemeinsamen Erfahrungen vertieft, verarbeitet und mit der Zeit in Frieden losgelassen werden können...

Gräber können uns helfen, das Sterben in unserm Leben zu integrieren. Gräber sind wie Geburtsorte von Menschen, sie lassen uns erahnen und vertrauen, dass wir im Sterben in Gottes Geborgenheit hineingeboren werden. Sie erzählen vom Durchgang durch das Dunkel, den Schmerz, den Tod, um zum Licht zu gelangen.

In einem kleinen Dorf in der Nähe von Salzburg, in Faistenau, habe ich entdeckt, dass jeden Samstagabend auf allen Gräbern eine Kerze angezündet wird. Das Bild dieser Hoffnungslichter lebt tief in meiner Seele weiter. Eine dunkle Winternacht wird erhellt durch die Lichter, die Menschen auf den Gräbern anzünden. Sie erzählen von der tröstenden Wirklichkeit, dass die Dunkelheit der Gräber nur Schatten sind des ewigen Lichtes. Sie erzählen von der kraftvollen Wirklichkeit, dass die dunklen Stunden der Trauer erhellt werden, wenn wir im Pflegen der Gräber unserer Seele Raum und Zeit zur heilenden Trauer schenken.

Pierre Stutz

Gemeinschaft über den Tod hinaus

Das Gedenken an die Toten gehört zum Leben. Am 1. November feiern katholische Christen das Fest Allerheiligen und am 2. November Allerseelen. Beide Feste gehören zusammen. Das Fest Allerheiligen lenkt unseren Blick zum Himmel. Wenn wir Gottesdienst feiern, tun wir das in Gemeinschaft mit allen Heiligen. Es ist ein hoffnungsvolles Fest. Es zeigt uns, dass auch unser Leben geheilt und geheiligt werden wird, wenn wir uns wie die Heiligen in unserer Brüchigkeit der heilenden Liebe Gottes aussetzen. Das Fest Allerseelen lädt uns ein, unserer Verstorbenen zu gedenken und die Gemeinschaft mit ihnen wahrzunehmen.

In Bayern halten die katholischen Gemeinden schon am Nachmittag des Allerheiligenfestes – da es in Bayern Feiertag ist – auf dem Friedhof eine Gedenkfeier. Gerade in ländlichen Gegenden ist der Friedhof dann voller Leute. An diesem Tag kommen die Menschen aus nah und fern, um gemeinsam die Gräber zu besuchen und sich der Verstorbenen zu erinnern.

Anselm Grün

Tod – keine rechte Wirklichkeit

Ich gestehe, dass der Tod für mich ganz einfach keine rechte Wirklichkeit hat. Für mich ist die Geschichte von der Auferstehung Jesu vom Tod die Schilderung einer Wirklichkeit, die mir nahezu selbstverständlich ist. Jesus Christus blieb nicht im Tod. Er lebt…

Ich rede das nicht so dahin. Ich habe in jungen Jahren, als meine ganze Generation durch Angst und Entsetzen ging, mehr mit dem Tod zu tun gehabt, als für einen jungen Menschen gut ist. Seit jener Zeit habe ich mehr als einmal die Nähe eben verstorbener Menschen erfahren. Ich kann nicht anders, als davon auszugehen, dass wir Menschen uns nicht plötzlich, sondern langsam aus dieser Welt verabschieden, dass die Verstorbenen noch Stunden, vielleicht auch einen oder zwei Tage lang in unserer Nähe weilen und dass da Zeichen herüberkommen können und Verbindungen sich ereignen zwischen ihnen und uns, die sie geliebt haben.

Ich bin überzeugt, dass ein Mensch, dessen Hand wir nehmen in der Stunde nach seinem leiblichen Sterben, hört, was wir ihm sagen. Wir brauchen dazu keine besonderen Fähigkeiten, wir brauchen nur offen zu sein für die Tatsache, dass die Wand dünn ist zwischen der Welt jenseits der Schwelle und der unseren.

Jörg Zink

Die Kraft der Ewigkeit

Die Kraft der Ewigkeit
erahnen im bewussten Gestalten
meines Trauerweges
mit seinen unendlichen Stunden
der Einsamkeit
mit seinen kraftvollen Zeiten
der freundschaftlichen Nähe

Die Kraft der Ewigkeit
erfahren im achtsamen Wahrnehmen
des Augenblicks mit seinen hellen und dunklen Seiten
mit seinen kraftvollen und schmerzlichen Momenten

Die Kraft der Ewigkeit erleben
im aufmerksamen Dasein im Alltag
mit all seinen Herausforderungen und Sternstunden
mit all seinen Verunsicherungen
und Lebensfreuden

Die Kraft der Ewigkeit
entdecken im intensiven Begehen
eines Heilungsweges mit seiner Solidarität
zu allen kranken und sterbenden Menschen
mit seiner Verwurzelung in der Kraft der Liebe

Pierre Stutz

Weg zur heilenden Quelle

Beim Mystiker Johannes vom Kreuz (1542–1591), dem Weggefährten von Teresa von Ávila, werde ich bestärkt, die Angst vor den dunklen Stunden im Leben verwandeln zu lassen. Auch auf einem intensiven Glaubensweg kann ich «der dunklen Nacht der Seele» begegnen: der Nacht der Heimatlosigkeit, der Zweifel, der Verlorenheit, der Wut, der Tränen. Durch den Tod eines lieben Menschen bin ich auf mich selber zurückgeworfen, auf meine Verwundbarkeit und Verletzlichkeit. Im Annehmen von Hilfe, im Aushalten dieser Verunsicherung, im Ausdrücken meines Schmerzes in einer Trauergruppe beim Malen, Musizieren, Lesen, Spazieren, Basteln ... bricht ganz behutsam ein neuer Morgen an. Nicht ein für allemal, sondern solange, bis ich die heilende Kraft der Trauer erfahre. Schritt für Schritt sind wir aufgerufen, den Weg zur heilenden Quelle zu gehen. Auch wenn wir sie manchmal nicht sehen, so ist sie da. Johannes von Kreuz sagt es so: «Jener ewige Quell ist verborgen, wie gut weiß ich, wo er entspringt, auch wenn es Nacht ist.»

Pierre Stutz

Leben in zwei Welten

Oft werde ich gefragt, ob man für die Toten beten dürfe. Ja, das meine ich: Wir dürfen für die Toten beten, und zwar deshalb, weil sie nicht tot, sondern lebendig sind. Gott, sagt Jesus, ist nicht ein Gott von Toten, sondern von Lebendigen, hier und drüben. Wenn uns das Gebet mit Menschen am anderen Ende dieses Erdballs verbinden darf, warum nicht auch mit denen, die in jener anderen Welt leben, in die sie durch den Tod hinübergegangen sind? Und was tun wir denn als Betende anderes, als die Hinübergegangenen mit uns, den Zurückgebliebenen, zusammen in die Hände Gottes zu befehlen?

Das bedeutet nicht, dass wir diese Welt und die Menschen hier aus den Augen verlieren müssten. Auf dieser Erde bleiben und doch die Verbindung nach drüben finden, sich vielleicht gar nach drüben sehnen und doch sein hiesiges Werk tun, das geht, wenn einige Zeit vergangen ist, gut zusammen.

In den Trauernden und ihrer Sehnsucht wird etwas sichtbar, das uns Menschen ohnedies zugemutet ist: Wesen zu sein zwischen zwei Welten oder in zwei Welten. Wir gehören nicht ganz in diese Welt und doch auch nicht ganz hinüber. Wir ahnen aber, dass dort, wohin unsere Lieben gegangen sind, die Wege weiterführen.

Sie werden immer wieder in die Versuchung geraten, den Weggegangenen zurückrufen zu wollen. Aber dieser Wunsch, der doch unerfüllbar ist, macht Ihnen Ihren Weg schwerer, als er ohnedies ist. Nicht das ist ja das Ziel, dass die Toten zurückkommen, sondern dass wir ihnen nachgehen. Besser: dass wir unseren Weg auf dieser Erde so gehen, dass er uns näher zu ihnen hinführt.

Die andere Versuchung, die Ihnen droht, ist die, ihm nachsterben zu wollen, und auch das ist nicht der Sinn Ihres Weges. Wir kennen es von anhänglichen Tieren, dass sie nach-sterben. Die Kraft des Menschen drückt sich darin aus, dass er bei aller Sehnsucht nach dem Tod doch auf dieser Erde zu bleiben vermag, bis auch ihn der Ruf Gottes trifft: Komm!

Jörg Zink

Geschmack von Ewigkeit

Ewigkeit – sie meint nicht eine lange Zeitperiode. Sie ist eine eigene Qualität. Wenn der Mensch sich ganz auf den Augenblick einlässt, kann es sein, dass die Ewigkeit in seine Zeit einbricht. Die Zeit steht dann still. Solche Augenblicke geben einen Geschmack von Ewigkeit.

Mystiker und Mystikerinnen haben immer wieder von solchen Erfahrungen von Ewigkeit gesprochen, und jede wirkliche Gotteserfahrung ist auch eine Erfahrung von Ewigkeit. Denn wenn ich mit Gott eins bin, bin ich ganz eins mit allem, was ist. Dann fallen Zeit und Ewigkeit zusammen.

In einem Augenblick solchen Einsseins fallen alle Gegensätze zusammen. Wenn ich in der Kontemplation mit Gott eins werde, mit Gott verschmelze, dann hört in diesem Augenblick die Zeit auf. Es ist ein Augenblick reiner Gegenwart. Gegenwart und Zukunft fallen zusammen…

Wenn ich ganz im Augenblick bin, wenn ich ganz eins bin mit mir, dann schaue ich hinter den Schleier der Welt, auch hinter den Schleier der Zeit, dann habe ich jetzt schon teil am ewigen Geschmack Gottes, an der Ewigkeit… Dann ist Ewigkeit mitten in der Zeit.

Anselm Grün

Du selbst sein

Dass der Abschied von dem geliebten Menschen endgültig ist, erlebst du wohl am deutlichsten, wenn du sein Zimmer aufräumst, wenn du dir überlegst, was du mit seinen Kleidern tust und mit all den Gegenständen, die er in den vielen Jahren gesammelt hat, Gegenstände, die die gemeinsamen Erlebnisse widerspiegeln. Viele versuchen, diesen endgültigen Abschied möglichst lange hinauszuschieben. Es tut zu weh, all das wegzugeben, woran der Verstorbene mit seinem ganzen Herzen gehangen hat. Es ist gut, wenn du manches Erinnerungszeichen aufbewahrst. Aber du kannst nicht für alles, was der Verstorbene hinterlassen hat, ein Museum einrichten. Anstatt selbst zu leben, würdest du dann den Rest deines Lebens nur zum Museumswärter. Das ist sicher nicht im Sinn des Verstorbenen. Auch wenn du darauf vertraust, dass du ihn bei Gott wiedersehen wirst, so ist der Abschied hier auf Erden doch erst einmal endgültig. Du kannst den Toten nicht wieder lebendig machen. Du kannst nicht immer in der Vergangenheit leben. Der Abschied will dir den Blick öffnen, damit du die Herausforderung des jetzigen Augenblicks annimmst, damit du dein eigenes Leben lebst.

Anselm Grün

Lass dich begleiten

Lass dich begleiten
in deiner Selbstwerdung
mute dich den anderen zu
mit deiner Lebenskraft und Verletzlichkeit

Lass dich unterstützen
in deinem Hunger und Durst
nach Gerechtigkeit
such dir Verbündete
die dem Engel der Hoffnung folgen

Lass dich ermutigen in deiner Krise
die zur Chance werden kann
im Verlassen von lebensfeindlichen Strukturen

Lass dich ermächtigen zum heilenden Mitsein
mit aller Kreatur
im achtsamen Gestalten deines Alltags

Lass dich bestärken zum Aufbruch ins Ungewisse
weil der Engel des Vertrauens
dich begleitet zu neuer Lebensqualität

Pierre Stutz

Unsicherheiten aushalten

Zeiten der Verunsicherung bergen eine große Chance in sich. Da regt sich etwas, was uns neu ist, unvertraut, was wir an uns noch gar nicht so kennen. Das spüren wir in ganz verschiedenen Situationen und Begegnungen, dass Überzeugungen und Verhaltensweisen, die uns bisher Halt gegeben haben, nicht mehr tragen. Zunächst überspielen wir diese Unsicherheit, weil wir fürchten, unsere Glaubwürdigkeit, unsere Identität ein Stück zu verlieren. Wenn ich die Angst kenne, kann ich sie ernst nehmen. Zugleich versuche ich, Verunsicherungen als Boten meiner Seele zu verstehen, die mich auffordern, Seiten in mir zu erlösen, die zu sehr in meinem Kopf und zu wenig in meinem ganzen Sein integriert sind. Denn die Seele ist nach Carl Gustav Jung «das Lebendige im Menschen, das aus sich selbst Lebende und Leben Verursachende».

Dieser lebendige Kern in uns setzt alles daran, uns authentischer werden zu lassen. Wenn wir die innere Wirklichkeit nicht ernst nehmen, entstehen Alarmsignale wie die Rebellion unseres Körpers oder der Schrei unserer Psyche, uns zu Wendezeiten bewegen zu lassen, um mehr aus dem inneren Feuer heraus das Leben zu gestalten.

Pierre Stutz

Ein neues Auferstehungsfest feiern

Eine neue Lebensqualität ist dir zugesagt
im alltäglichen Annehmen
der durch-kreuzten Hoffnungen
die dich daran erinnern
dass intensives Leben immer verletzlich bleibt

Eine neue Solidarität ist uns versprochen
weil unsere verschlossenen Herzenstüren
von innen geöffnet werden
mit dem Segenswunsch: Friede sei mit euch

Ein neues Glück ereignet sich in uns
im Hinabsteigen in den Grund unserer Ängste
damit sie verwandelt werden
und unsere Schwächen zu Stärken werden

Ein neues Auferstehungsfest feiern wir
mitten in der Ohnmacht stehen wir auf
für den Frieden
halten einander zärtlich die Hände
lassen uns durch Dich
zum Tanz der Hoffnung bewegen

Pierre Stutz

Endgültig ist Leben

Ich bin kein Hellseher,
kein Eingeweihter und kein Guru.
Ich weiß nicht mehr, als wir alle wissen können,
wenn wir mit offenen Augen zusehen,
was da an der Grenze unseres Lebens geschieht.

Aber es gibt Erfahrungen, und ich habe in siebzig Jahren viele gesammelt, Erfahrungen an der Grenze zwischen dem Leben und dem Tod, zwischen dem Tod und einer neuen Art Leben. Man braucht keine besondere Begabung dazu, nur eine wache Aufmerksamkeit, die sich den Schicksalen der Menschen zuwendet. Wer solche Erfahrungen macht – und man kann sie heute durchaus machen –, der kommt am Ende zu seinen eigenen Gedanken, die ihn über das hinausführen, was man so denkt oder was man in unserer Zeit und in unserem Land zu denken hat.

Er wird überzeugt sein, dass der Tod nicht endgültig ist sondern das Leben, und wird ihm mit Vertrauen entgegengehen.

Jörg Zink

Vom Verstorbenen träumen

Hast du von dem Verstorbenen schon geträumt? Wenn nicht, dann bitte Gott darum, dass du ihm im Traum begegnen darfst. Oft sind solche Träume von Verstorbenen eine große Hilfe, unsere Beziehung zu ihnen zu klären.

Da erzählte mir eine Frau, dass ihr verstorbener Vater im Traum ganz traurig war, weil er etwas sagen wollte, aber kein Wort über die Lippen brachte. Der Traum hat sie eingeladen, ihre Beziehung zum Vater anzuschauen, auf all das Ungesagte zu achten, das noch zwischen ihnen stand, und in einen neuen Dialog mit dem Vater zu treten.

Manchmal zeigen uns die Träume, dass es dem Verstorbenen gut geht. Dann erscheint er uns im Licht, oder wir begegnen ihm als einem gesunden und lachenden Menschen. Solche Träume geben uns die Gewissheit, dass der Tote bei Gott angekommen ist, dass er im Frieden ist. Solche Träume können unsere Trauer verwandeln und uns mit Zuversicht und Hoffnung erfüllen.

Manchmal sagt uns der Verstorbene ein Wort. Solche Worte sind immer kostbar. Sie sind oft wie ein Vermächtnis. Sie weisen uns den Weg in die eigene Zukunft. In ihnen fasst der Verstorbene nochmals zusammen, was er uns eigentlich immer schon einmal sagen wollte. Und in solchen Worten entdecken wir die ganz persönliche Botschaft an uns. Ich kenne manche, denen solche Worte zu kostbaren Wegbegleitern geworden sind, zu Worten der Verheißung, dass ihr Leben gelingt.

Ich wünsche dir, dass du im Traum Worte von dem Verstorbenen hören darfst, die dir den Weg zeigen, den du heute gehen sollst, die dir Gewissheit schenken, dass alles gut ist und dass Gott deinen Weg segnet.

Anselm Grün

«*Reisesegen*»

Etwas Persönliches möchte ich sagen: Wenn es eines Tages um meinen eigenen Tod geht, dann möchte ich, dass mich mein Arzt nicht durch irgendwelche Medikamente um mein klares Bewusstsein bringt.

Ich möchte noch dabei sein, wenn ich sterbe. Ich möchte noch ein Wort sagen können zu den Menschen, die mit mir verbunden waren. Ich würde es schön finden, könnte ich jedem meiner Kinder und Enkel noch etwas sagen über seinen weiteren Weg, ich könnte meiner Frau danken für die mehr als fünfzig schönen und reichen Jahre und ihr sagen, dass unsere Verbundenheit mit dem Tod nicht endet. Und vor allem: Ich möchte es hören, wenn jemand über mir einen Reisesegen spricht etwa den:

«Gott behüte dich. Er behüte deine Seele. Er behüte deinen Ausgang und Eingang von nun an bis in Ewigkeit.»

Jörg Zink

Das Leben leise wieder lernen

Wenn du an den Toten denkst, mit dem du jahrelang zusammen gelebt hast, sollen deine Gedanken nicht nur nach rückwärts gerichtet sein. Frage den Verstorbenen auch, was er dir heute sagen möchte. Er möchte dich darauf hinweisen, worauf es in deinem Leben eigentlich ankommt.

Er möchte dich auch einladen, deinen eigenen Tod in dein Leben zu integrieren. Das Denken an deinen eigenen Tod soll dir das Leben nicht vergällen, sondern dir zu einem bewussteren und wacheren Leben verhelfen. Der Tod will dein Leben verstärken. Er will dir zeigen, dass jeder Augenblick, den wir leben, ein Geschenk ist. Wenn du ganz im Augenblick lebst, wenn du ein Gespür dafür entwickelst, dass es nicht selbstverständlich ist, dass du jetzt da bist, dass du atmest, dass du fühlst, dass du das Leben spürst, dann bekommt dein Leben einen neuen Geschmack...

Der Verstorbene möchte dich lehren, «das Leben leise wieder zu lernen», bewusst und intensiv zu leben, in dem Bewusstsein, worauf es in deinem Leben eigentlich ankommt.

Anselm Grün

Textquellen

Die Zahlen in Klammern verweisen jeweils auf die Seiten in den genannten Quellen.

Anselm Grün

Es bleibt eine Wunde (80; 221), Der Engel der Trauer (217), Tränen heiligen (58), Einsamkeit hat zwei Gesichter (208), Sehnsucht bezwingt den Tod (225), Mitfühlen (226), Getröstete Trauer (218), Der Engel des Trostes (217), Das Glück des Trostes (212), Wunden erinnern an Sehnsucht (185), Stern am Horizont unseres Herzens (235), Geschmack von Ewigkeit (223)
Aus: *Anselm Grün, Das Glück beginnt in dir. Gute Gedanken für jeden Tag. Hg. von Ludger Hohn-Morisch. © Verlag Herder GmbH, Freiburg im Breisgau 2009*

Ein Wort an Trauernde (46), Der letzte Liebesdienst (20), Lass dir Zeit für deine Trauer (8), Die Trauer über den Verlust des geliebten Menschen (33), Wenn du in der Trauer Abschied nimmst (36), Trauer geht über die Erinnerung (18), Trauerrituale (14), Fragen, Fragen … (19), Du selbst sein (39), Vom Verstorbenen träumen (34), Das Leben leise wieder lernen (38)
Aus: *Anselm Grün, Bis wir uns im Himmel wiedersehen. © Kreuz Verlag, Stuttgart 2004*

Zu meiner Trauer stehen (6), Wo finde ich Trost? (10), Ich fühle mich einsam (5), Abschied spaltet unser Herz (2), Neue Wege (21)
Aus: *Anselm Grün, Gehalten in Zeiten der Trauer. © Kreuz Verlag, Stuttgart 2001*

„Es wird alles gut" (26), Sorge für dich (30)
Aus: *Anselm Grün, Du wirst getröstet. © Kreuz Verlag, Stuttgart 1999*

Andrea Schwarz

Dunkler Segen (70f), Abschied (36)
Aus: *Andrea Schwarz, Du Gott des Weges segne uns. Gebete und Meditationen.* © *Verlag Herder GmbH, Freiburg im Breisgau 2008*

Auch das ist Ostern (133), Einfallstore (142), Verstummen (155), Mitten im Dunkel (151), Tod und Leben (146), Auf dein Wort hin (156)
Aus: *Andrea Schwarz., Und jeden Tag mehr leben. Jahreslesebuch.* © *Verlag Herder GmbH, Freiburg im Breisgau, Neuausgabe 2008*

Christa Spilling-Nöker

Ins Licht treten (66), Den Schmerz austragen (77), Sich die Gefühle von der Seele schreiben (71), Du wirst mir fehlen (52), Die Zeit mit dir war schön (30), Ich sehne mich zurück zu dir (45), Schenk mir ein Zeichen der Vergebung (40), Stille hat dein Herz erfüllt (60f), Fürchte dich nicht (18)
Aus: *Christa Spilling-Nöker, Behutsam will ich dich begleiten. Auf dem Weg des Abschieds.* © *Verlag Herder GmbH, Freiburg im Breisgau 2009*

Pierre Stutz

Grenzenlose Trauer (356), Tränen fließen lassen (353), In Zeiten des Schmerzes (333), Wenn unsere Seele schreit (341), Dem Leiden nicht ausweichen (86), Stimme des Herzens (122), Hoffnungslichter (331), Die Kraft der Ewigkeit (347), Lass dich begleiten (285), Unsicherheiten aushalten (87), Ein neues Auferstehungsfest feiern (114)
Aus: *Pierre Stutz, Der Stimme des Herzens folgen. Jahreslesebuch.* © *Verlag Herder GmbH, Freiburg im Breisgau 3. Auflage 2008*

Voll Trauer und Schmerz (15), Trauer- und Klageräume (4), Weg zur heilenden Quelle (16)
Aus: *Pierre Stutz, Die Kraft deiner Tränen. Ein Begleiter in Zeiten der Trauer.* © *Verlag Herder GmbH, Freiburg im Breisgau 2004*

Unfassbar (44ff), Zwischen Leere und Fülle (50ff), Tränen, Grundwasser der Seele (20f)
Aus: *Pierre Stutz, Engel des Trostes wünsche ich dir. Briefe an Trauernde.* © *Verlag Herder GmbH, Freiburg im Breisgau, Neuausgabe 2008*

In der Spannung von Empörung und Annahme (103f), Schenk dir Zeit (109), Segenswünsche (146ff)
Aus: *Pierre Stutz, Sei gut mit deiner Seele.* © *Verlag Herder GmbH, Freiburg im Breisgau, 4. Auflage 2009*

Loslassen angesichts des Sterbens (82f)
Aus: *Ders., Was meinem Leben Tiefe gibt. Fribourg 2002.* © *Pierre Stutz, Lausanne. www.pierrestutz.ch*

In Zeiten des Abschieds (176f), Dem Abschiedsschmerz Ausdruck geben (164f), Mit dem Abschied leben (161f)
Aus: *Pierre Stutz, 50 Rituale für die Seele. Hrsg. von Andreas Baumeister.* © *Verlag Herder GmbH, Freiburg im Breisgau, 8. Auflage 2009*

Jörg Zink

Denn sie sollen getröstet werden (14f), Gestalt der Liebenden (11), Tod: keine rechte Wirklichkeit (10f), Leben in zwei Welten (6f)
Aus: *Jörg Zink, Ein paar Schritte an Ihrer Seite. Ein Wort für Trauernde.* © *Kreuz Verlag, Stuttgart 2005*

Auf eine Tür zugehen (25), Letzter Segen (39), Licht einer anderen Wirklichkeit (44), Sichtbar, unsichtbar (9), An der Grenze (14), Endgültig ist Leben (4), «Reisesegen» (34)
Aus: *Jörg Zink, Was kommt nach dem Leben?* © *Kreuz Verlag, Stuttgart 2001*

© Verlag Herder GmbH, Freiburg im Breisgau 2009
Alle Rechte vorbehalten
www.herder.de

Umschlagmotiv: © fotolia
Bilder im Innenteil: S. 14 © Friday – fotolia.com, S. 33 © Andrea
Göppel, Bobingen, S. 55 © herculaneum 79 – Fotolia.com, S. 75
© Andrea Göppel, Bobingen, S. 97 © Studio MPM/Corbis

Gesamtgestaltung:
Weiß-Freiburg GmbH – Graphik & Buchgestaltung
www.weiss-freiburg.de

Herstellung:
fgb · freiburger graphische betriebe
www.fgb.de

Gedruckt auf umweltfreundlichem,
chlorfrei gebleichtem Papier
Printed in Germany
ISBN 978-3-451-30209-1